lonely planet

DE CERCA
MARRAKECH

Helen Ranger

Sumario

Arriba: Bacha Coffee (p. 73).
Abajo: madraza Ben Youssef (p. 84).

Puesta a punto

xplora Marrakech......37

Guía práctica......143

DESDE LA IZDA.: ANDRZEJ LISOWSKI TRAVEL/SHUTTERSTOCK, FRANTICOO/SHUTTERSTOCK

★ Imprescindible

El viaje empieza aquí

Marrakech atrae a multitudes desde hace siglos, cuando las caravanas cruzaban el Sáhara para comerciar con oro y sal. Hoy día sigue deslumbrando a los visitantes, con el espectáculo de Yamaa el Fna, museos grandes y pequeños, *riads* espléndidos, zocos fascinantes, jardines apacibles, una dinámica escena gastronómica y una pizca de glamur contemporáneo. Pese a los daños sufridos en el terremoto del 2023, Marrakech ha emergido renovada y vibrante. ¡A por ella!

Helen Ranger

@conciergemorocco

Helen escribe sobre destinos africanos para Lonely Planet y dirige una agencia de viajes a medida en Marruecos.

Zoco Haddadine (p. 71).

CHECCO2/SHUTTERSTOCK

LO MEJOR

Arquitectura

Los monumentos de Marrakech son impresionantes, desde las esbeltas líneas de la *qubba* del s. XII al palacio Bahia del s. XIX, con fascinantes arabescos de yeso, intricados *zellige* (mosaicos geométricos) y magnífica madera de cedro.

Extasiarse ante la joya de Marrakech, la **madraza Ben Youssef,** una escuela islámica medieval con una decoración espectacular. (p. 84)

Encontrar el ángulo correcto para fotografiar el majestuoso alminar de la **Kutubia,** de 77 m, con sus arcos festoneados, *zellige* verdes y blancos, y dentadas almenas. (p. 50)

Admirar los muros rojos del **palacio El Badi,** construido para lucir la riqueza del sultán y ahora en ruinas. (p. 104; foto)

Maravillarse ante las esbeltas línea de la **'qubba' almorávide,** construic en 1117, con su notable techo, motivo florales y caligrafía. (p. 86)

Asomarse a la sala de los 12 pilares de las **tumbas saadíes** para ver elaborados *zellige* y dorados arcos de panal. (p. 100)

Pasear por los patios, jardines y *riads* del **palacio Bahia,** construido en la década de 1860. (p. 98; foto)

Dcha.: tumbas saadíes (p. 10

DESDE LA IZDA.: SAID MRIGUA/SHUTTERSTOCK, SAATON/SHUTTERSTOCK, LOIS GOBE/SHUTTERST

LO MEJOR

Experiencias en Yamaa el Fna

En pleno corazón de Marrakech, esta plaza invita a participar e la algarabía desde primera hora de la mañana hasta altas hora de la noche con sus tiendas, cafés, vendedores de comida y artista

Madrugar y tomarse un zumo recién exprimido mientras los vendedores callejeros preparan sus puestos en la **plaza.** (p. 42; foto)

Comer en los **puestos callejeros** nocturnos: caracoles, tayín de cordero, brochetas o pescado frito, rematado con un pastel de jengibre. (p. 45)

Conocer la historia de los artistas de Yamaa El Fna en el **Musée du Patrimoine Immatérial,** en la misma plaza. (p. 47)

Disfrutar con los músicos gnaua, acróbatas, cantantes y bailarines que actúan todas las noches en la **plaza.** (p. 42; foto)

Subir a la azotea del **Zeitoun Café** para gozar de las mejores vistas de la puesta de sol sobre el minarete de la Kutubia y la plaza. (p. 59)

LO MEJOR

Compras

Marrakech es uno de los mejores destinos del mundo para ›mprar. La gran variedad de artesanía se despliega en los zocos, y las tiendas conceptuales presentan a grandes diseñadores.

ɛvolver entre los puestos del **Centre de la Femme Artisane** en busca del recuerdo perfecto. (p. 79)

:ncontrar una pieza única, ideal para ›varse a casa en **Mustapha Blaoui.** (p. 117)

Encandilarse con las alfombras de .es **Nomades de Marrakech,** tejidas por mujeres del Alto Atlas. (p. 93)

Hojear magníficos libros ilustrados y elegantes accesorios en el **Jardin Majorelle.** (p. 122)

Oler las fragancias de los aromáticos cosméticos de **Naturom.** (p. 60)

Dirigirse a la **Place Rahba Kedima** en busca de especias, cestas y *boutiques* de moda. (p. 72)

Les Nomades de Marrakech (p. 93).

LO MEJOR

Gastronomía

El sutil uso de las especias y el amor por los productos frescos hacen de la cocina marroquí una de las mejores del mundo. En la medina abunda la cocina tradicional y los restaurantes de la Ville Nouvelle adoptan un enfoque más creativo.

Pasear entre los puestos de comida de **Yamaa El Fna** y probar caracoles, brochetas, pescado frito y tayín de cordero. (p. 58; foto)

Tomar té de las 12 regiones del país en el exquisito **1112 Marrakech,** seguido de una visita a su museo del té. (p. 91)

Degustar la mejor cocina tradicional en **Sahbi Sahbi,** en la Ville Nouvelle, que prepara platos que normalmente se comen en casa. (p. 137)

Descubrir el auténtico cuscús en el diminuto restaurante **Naima,** en Kâat Ben Nahid. (p. 92)

Probar los cuernos de gacela (foto), *ghriba* (galletas) y *chebakia* cubiertos de semillas de sésamo y miel en la **Pâtisserie des Princes.** (p. 59)

Aprender a cocinar al estilo marroquí en la vanguardista escuela de cocina **La Maison Arabe,** en Bab Doukkala. (p. 116)

Dcha.: té de menta tradiciona

DESDE LA IZDA.: DAINIS DERICS/SHUTTERSTOCK, PICTURE PARTNERS/SHUTTERSTOCK, FULI03/SHUTTERSTOC

Palacio Bahia (p. 98

LO MEJOR

Arte y diseño

Marrakech está plagado de arte antiguo: los palacios y *riads* son un derroche de ornamentación. Las tradiciones artesanas se mantienen vivas a través de los artesanos de los zocos.

Deambular por el **Musée de la Musique** para ver su lujoso interior restaurado con el esplendor de la era saadí. (p. 68)

Aventurarse por los talleres del **zoco Haddadine,** donde los herreros ejercen su oficio. (p. 71)

Fascinarse ante el arte de **DaDa Marrakech** y su tentadora librería artística. (p. 57)

Ponerse el delantal en un circuito de artesanía con **Moroccan Food Adventures** y fabricar teselas de mosaico, teñir lana o grabar latón. (p. 54

Visitar el hermoso **palacio Bahia** con su patio de mármol y *zellige*, espléndidos techos y magnífico yeso esculpido. (p. 98)

Hacer un curso de artesanía con un *maâlem* (maestro) en **Fonoun Zawya.** (p. 114)

LO MEJOR

Experiencias culturales

Los pobladores originarios del norte de África, los amazig, tienen una cultura diferente, desde el idioma al arte, la vestimenta y la música. Hay varios museos para conocerla mejor.

Admirar las fabulosas joyas amazig (foto) expuestas en el **Monde des Arts de la Parure,** en la casba. (p. 105)

Bailar música amazig en los conciertos del sábado por la noche en el **Cafe Clock** con Houariyat, una banda de mujeres. (p. 104)

Visitar el espléndido **Musée Pierre Bergé des Arts Berbères** en el Jardin Majorelle para apreciar arte, textiles y joyas amazig. (p. 124)

Ir al **Funduq Louarzazi** en Bab Ftouh en busca de antiguos bolsos de piel tuareg, fijaciones de madera para sillas de montar y otros tesoros. (p. 55)

Ver actuar a músicos y bailarines gnaua con sus brillantes trajes de satén y sombreros de conchas en **Yamaa El Fna.** (p. 42; foto)

Escuchar el antiguo arte de los cuentacuentos en el **World Storytelling Café** en Kâat Ben Nahid. (p. 92)

DESDE LA IZDA.: ARGANAHF/SHUTTERSTOCK, JON CHICA/SHUTTERSTOCK

LO MEJOR

Museos

La medina de Marrakech alberga unos 20 museos que no solo custodian colecciones fascinantes, sino que también ocupan magníficos *riads*. El ultramoderno Musée Yves Saint Laurent Marrakech honra la Ville Nouvelle.

Entrar en el **Musée du Patrimoine Immatériel** para saberlo todo sobre los personajes de Yamaa El Fna. (p. 47)

Descubrir 1300 años de trajes marroquíes en el **Musée de l'Élégance Marocaine.** (p. 91)

Explorar el **Musée des Confluences Dar El Bacha** y maravillarse ante la riqueza del antigua pachá. (p. 69; foto)

Inspirarse en la fabulosa colección de costura y exposiciones de arte del **Musée Yves Saint Laurent Marrakech.** (p. 127)

Disfrutar de la hermosa arquitectura de los *riads* y de las alfombras del **Musée National du Tissage et du Tapis-Dar Si Saïd.** (p. 54; foto)

Conocer la historia judía de Marrakech en la todavía activa **sinagoga Lazama** (p. 105)

Dcha.: sinagoga Lazama (p. 105)

DESDE LA IZDA.: CKTRAVELS.COM/SHUTTERSTOCK, MITZO/SHUTTERSTOCK, LOIS GOBE/SHUTTERSTOC

Jardin Majorelle (p. 122

LO MEJOR

Experiencias en la Ville Nouvelle

Construida por los franceses durante los años del Protectorado (1912-1956), sus casas *art déco* y bloques de oficinas todavía perviven junto a bulevares, apartamentos y parques.

Recorrer las galerías de arte contemporáneo y joyas *art déco* de Gueliz en un **circuito a pie.** (p. 134)

Saborear la cultura del café en **Thirty5ive,** con su menú de arte, música y cultura. (p. 138)

Comprar hasta la saciedad en **33 Rue Majorelle:** ropa, accesorios, joyas y menaje del hogar. (p. 139)

Contar las carpas de los estanques y comprar una lata de "azul Majorelle" para pintar una maceta en el **Jardin Majorelle.** (p. 122)

Probar los mejores productos cocinados a la perfección de **Farmers,** en Gueliz. (p. 137)

Imaginarse desfilando por la pasarela en un desfile de costura en el **Musée Yves Saint Laurent Marrakech.** (p. 127)

LO MEJOR

'Hammams'

Experiencia marroquí por excelencia, lo mejor tras un día de turismo polvoriento es sumergirse en los centenarios rituales marroquíes de los baños de vapor, lavado y vigorosa *gommage* (exfoliación). Deja fresco y vigorizado.

Unirse a los vecinos en el público **Hammam Mouassine,** recién renovado, y optar también por el masaje. (p. 73)

Derrochar en un *hammam* de lujo con masaje y tratamiento facial en **La Mamounia Spa.** (p. 56)

Elegir entre aceite de argán y de nopal para matizar las arrugas –o decantarse por ambos– en **Arganino.** (p. 78)

Comprar una *kessa* (manopla exfoliante), jabón negro viscoso y *ghassoul* (arcilla cosmética) en **Rahba Kedima** para llevar a casa. (p. 72)

La Mamounia (p. 56).

LO MEJOR

Escapadas rurales

A veces hay que alejarse de la ciudad para encontrar un ritm
más pausado: pasear junto a una piscina, visitar un museo jard
o vivir apasionantes aventuras en el pedregoso desierto de Agafa

Ir directamente al **Museo del Agua** en la Palmeraie para ver cómo se gestiona este recurso en Marruecos, país asolado por la sequía. (p. 133)

Subirse a un sidecar *vintage* para vivir una emocionante aventura por **Agafay,** montando en camello, *quad* o *bugui*. (p. 140; foto)

Explorar los magníficos jardines y exposiciones artísticas del **Musée de la Palmeraie** (foto) y el **Musée Farid Belkahia.** (p. 132

Relajarse junto a la piscina y almorzar en **La Bohème,** en Agafa y quedarse a cenar y divertirse al anochecer. (p. 141)

DESDE LA IZDA.: AKO PHOTOGRAPHY/SHUTTERSTOCK, CELIACHEN/SHUTTERS

Lo mejor para niños

ꞏar un recuerdo propio en **Zwaq Art** ꞏntras se aprende el arte del *zouak*, ꞏura tradicional en madera cromada, llevarse un espejo o una bandeja a casa. (p. 74)

prender a decir hola en darija, sus ꞏteresantes costumbres y modales, y escribir el nombre en árabe en el taller "101 Cultura Marroquí" del **Cafe Clock.** (p. 104)

tentar atrapar una botella de soda ꞏon una caña de pescar en **Yamaa El Fna,** o admirar a los artistas nocturnos y practicar el giro de beza de los músicos gnaua. (p. 42)

Visitar el fascinante **Museo del ꞏgua** de la Palmeraie para ver cómo se gestiona el agua en un oasis del desierto. (p. 133)

ꞏcar el desierto en camello o circular ra pista en un *quad* o bugui. Ambos ꞏson posibles en una excursión de un día a **Agafay.** (p. 140)

Lo mejor gratis

Pasear por el carnaval nocturno de **Yamaa El Fna** para ver a músicos, bailarines, acróbatas y boxeadores entretener a residentes y visitantes por igual. (p. 42)

Refugiarse del calor en los encantadores **jardines de la Kutubia,** que rodean la mezquita, con sus altas palmeras, rosaledas y sombreados bancos. (p. 51)

Pasear por Rue Semmarine hasta **Rahba Kedima** cruzando los zocos repletos de farolas, cerámica, ropa, cestas y mucho más: cuánto más adentro, más artesanos se encuentran. (p. 72)

Empezar en **Passage Ghandouri** un circuito a pie y recorrer las galerías de Gueliz para empaparse de arte contemporáneo y edificios *art déco*. (p. 136)

Las noches entre semana del **Cafe Clock** ofrecen cuentacuentos y conciertos: los miércoles se puede participar en una *jam session* con músicos locales. (p. 104)

Tres días perfectos

Un resumen para sumergirse en la vida de la medina y visitar los principales monumentos, elegir entre los múltiples museos y hacer unas compras por los zocos antes de pasar la noche en Yamaa El Fna.

Madraza Ben Youssef (p. 84).

PRIMER DÍA

Si solo se dispone de un día

MAÑANA

Se visita la **madraza Ben Yousse** (p. 84), la **'qubba'** (p. 86) y el **Musée Marrakech** (p. 90). Se toma un té e **1112 Marrakech** (p. 91) y se descub el Marrakech antiguo en la **Maiso de la Photographie** (p. 87).

TARDE

Se pone rumbo sur a la casba para los techos del **palacio Bahia** (p. 98) sube a las murallas del **palacio Ba** en ruinas (p. 104; foto) y luego se vis la **sinagoga Lazama** (p. 105). Se de las **tumbas saadíes** (p. 100) para verlas iluminadas a la luz del atarde

NOCHE

Después de cenar en **Yamaa El Fn** (p. 42), se rodea la **mezquita Kutub** (p. 49) iluminada, antes de regresar a plaza para escuchar música con un cervezas artesanas en **Kabana** (p. 6

SEGUNDO DÍA

Un fin de semana

MAÑANA

ˌe visitan temprano los zocos cen-
rales, cuando están tranquilos. Se
ıelen las especias en **Place Rahba**
dima (p. 72; foto), se echa un vistazo
os **'fanadiq'** (caravasares; p. 74) en
ıe Dar El Bacha y se visita el **Musée**
les Confluences (p. 69) antes de
fugiarse en el vergel de **Le Jardin**
Secret (p. 66).

TARDE

e admiran las finezas restauradas
uestas en el **Musée de la Musique**
58) y después se buscan recuerdos
las fantásticas *boutiques* del **zoco**
erifia (p. 78) y en la tienda concep-
tual **Different** (p. 79).

NOCHE

'ara recuperarse del ajetreo, nada
or que un *hammam* con un vigoroso
masaje en el público **Hammam**
Mouassine. (p. 73).

TERCER DÍA

Una escapada

MAÑANA

Se visitan los campos de bambú y el Musée Pierre Bergé des Arts Berbères en el **Jardin Majorelle** (p. 122; reservas en línea con al menos 24 h de antelación). Se puede combinar con el excelente **Musée Yves Saint Laurent Marrakech** (p. 127), justo al lado.

TARDE

Se descubre la arquitectura *art déco* y se recorren las diferentes galerías de arte contemporáneo de Gueliz (p. 134). O se regresa a la medina para ver alfombras en **Dar Si Saïd** (p. 54) y visitar el cercano **Musée Tiskiwin** (p. 55), con exposiciones etnográficas del norte de África.

NOCHE

Se pasea por la agradable **Place des Ferblantiers** (p. 104) de camino al **Cafe Clock** (p. 104; foto) en la Casba, para escuchar música en vivo.

Con más tiempo

Si se busca más acción, se puede hacer un circuito en bicicleta por la medina con **Pikala Bikes** (p. 114) o tomar una clase de yoga en **Dar Anis Yoga Studio** (p. 114).

Se visitan algunos museos curiosos, como el **Musée de l'Élégance Marocaine** (p. 91) o **Monde des Arts de la Parure** (Museo de la Joyería; p. 105). En la web del **Musée de la Musique** (p. 68) publican sus conciertos semanales.

En **DaDa Marrakech** (p. 57) se puec ver la exposición de arte más recien curiosear en su librería y comer en restaurante de diseño. Luego, se pas por Arset Aouzal para comprar artícu de menaje en **Mustapha Blaoui** (p. y **V. Barkowski** (p. 117).

Se termina la aventura con una co en la azotea del elegante **El Fenr** (p. 77) o en el popular **Café Arab** (p. 77). O se va a la Ville Nouvelle pa degustar un aperitivo en **Pétanqu Social Club** (p. 137) seguido de un cena en **Farmers** (p. 137).

Café Arabe (p.

Una excursión

mejor salida en los alrededores es **jafay** (p. 140; foto), el desierto de dra a menos de 1 h en coche de la dad. Se puede montar en camello ecorrer el desierto en *quad*, *bugui* odoterreno. Se come en uno de los murosos *campings* seguido de un baño en la piscina y un masaje.

Se alarga hasta la noche para disfrutar del magnífico atardecer re el paisaje lunar con el Alto Atlas vado al fondo, seguido de una cena espectáculo de músicos y artistas, olvidar observar las estrellas antes de regresar a la ciudad.

En un día de lluvia

En las clases de cocina del **Cafe Clock** (p. 104) se aprende a preparar tres platos marroquíes (foto) y después, se degusta lo que se ha preparado.

Se reserva medio día de bienestar en **Dar Anis Yoga Studio** (p. 114), con una clase de yoga, un relajante masaje de 1 h y una comida saludable.

Una mañana entera en el **Fonoun Zawya Arts & Crafts Cultural Center** (p. 114) resguarda de la lluvia mientras se confecciona un mosaico *zellige*, una joya de metal o un bolso de piel.

Un día de lluvia es el momento ideal para regalarse con un *hammam* y un masaje en **La Mamounia Spa** (p. 56).

Prepararse

ANTES DE PARTIR

Tres meses antes Reservar alojamiento en un *riad*, especialmente en temporada alta (oct-dic, mar-may). Muchos solo tienen 4-6 habitaciones.

Un mes antes Contratar actividades como clases de cocina; reservar entradas en línea para el **Jardin Majorelle** (p. 122) y el **Musée Yves Saint Laurent de Marrakech** (p. 127).

Una semana antes Consultar el tiempo. En Marrakech, el invierno es más frío de lo que se pueda pensar, y el verano, muy caluroso.

Costumbres

- Vestir de forma discreta: hombros y rodillas cubiertos (hombres y mujeres). Si se llevan mallas ajustadas, cubrirse con una camiseta larga. Las mujeres no están obligadas a taparse el pelo.
- Saludar siempre antes de pedir algo.
- No beber alcohol en la calle.
- Si se lleva comida para comer en el tren o el autobús, comprar un poco más para ofrecerla a los demás pasajeros.
- Evitar comer y beber en público durante el ramadán.

Beber en Marrakech

La mayoría de los cafés y restaurantes no sirven alcohol, pero sí suele haber en los restaurantes turísticos. En la Ville Nouvelle, muchos restaurantes sirven alcohol y hay algunos bares. Pero hay que beber con discreción: no hacerlo en las terrazas de los cafés salvo que estén separadas de la cal[illegible] Normalmente, se sirve vino y cervez[illegible] marroquí.

Conviene saber

Tentempiés Picotear en la calle es [illegible] práctica habitual; es buena idea hac[illegible] lo mismo. Los ajetreados trabajador[illegible] de los zocos sin tiempo para largas comidas acuden a un *snak* (puesto callejero) y piden *merguez* (salchich[illegible] *tihane* (bazo relleno) y brochetas. Lo[illegible] lugares más populares de la medina (aparte de Yamaa El Fna) están al su[illegible] de Place Ben Youssef, en los zocos; Rue de la Kasbah y el extremo occidental de Rue Bab Doukkala.

Cambio Conviene llevar monedas de 5 y 10 MAD y billetes de 20 MAD para las propinas, comprar agua o pagar el taxi. Los conductores no quieren cambiar billetes de 200 MA[illegible] sobre todo por la mañana.

PROPINAS

›rman parte de la vida marroquí; casi cualquier servicio merece unos dirhams. La norma es: si alguien ayuda, apreciará una propina.

2 MAD
Cafés
i solo se toma una bebida.

10%
Restaurantes y bares
Por un buen servicio.

10-20 MAD
Taxis
Por ayudar con el equipaje en un taxi *grand* (no se espera en uno *petit*).

50 MAD
Personal del hotel
Por noche en la caja de recepción.

RESUPUESTO DIARIO

CONÓMICO: menos de 800 MAD

Habitación doble económica: **750 MAD**
Entrada de museo barato: **50 MAD**
Tayín en un café: **100-160 MAD**
Espectáculo nocturno en Yamaa El Fna: **gratis (propina)**

IEDIO: 800-2000 MAD

- Habitación doble en un *riad*: **900-1500 MAD**
- Almuerzo de tres platos: **250 MAD**
- Copa de vino: **85-110 MAD**
- Circuito en bicicleta de medio día: **350 MAD**

LTO: más de 2000 MAD

- Habitación doble en un *riad-boutique*: **desde 2250 MAD**
- Cena en un buen restaurante: **450-650 MAD**
- Cóctel en un bar: **150-250 MAD**
- Baño y exfoliación en un *hammam* privado: **desde 330 MAD**

Moneda
Dirham marroquí

Idioma
Árabe marroquí (darija); tamazight; francés

Zona horaria
GMT/UTC + 1 h

BANGKOK CLICK STUDIO/SHUTTERSTOCK

CONSEJO

En Marrakech son muy habituales los robos de bolsos por el método del tirón desde motocicletas. Se aconseja llevarlo cruzado y caminar con el bolso del lado interior de la calle.

Cuándo ir

Cualquier época es buena para visitar Marrakech, quizá, a excepció de julio y agosto, cuando las temperaturas alcanzan los 50 °C o más

Las vacaciones navideñas son temporada alta y muchos *riads* y hoteles exigen una estancia mínima de tres a cinco noches. Puede hacer frío, pero no tanto como en Europa y suele hacer buen tiempo. Semana Sant y Todos los Santos (finales de octubre), también son temporada alta, época de vacaciones escolares europeas. En primavera (mar-may) y otoñ (sep-oct) suele estar lleno, pero el clima es perfecto. En julio y agosto las temperaturas son extremas, hay que hidratarse y evitar el sol.

Festivales urbanos

Enero: cada año se corre la **maratón de Marrakech** *(marathon-marrakech.com)* de Yamaa El Fna a la Palmeraie y vuelta.

Febrero: el **Festival Internacional de Cuentacuentos de Marrakech** *(worldstorytellingcafe.com)* congrega a cerca de cien cuentacuentos cada mes de febrero. Se celebra por toda la ciudad, en sitios como el World Storytelling Café, Dar Bellarj, Cafe Clock y Riad Star.

Julio: el **Festival Nacional de Artes Populares** de estilo libre es tan tórrido como julio en Marrakech. Músicos amazigh, bailarines y artistas callejeros de todo el país inundan Marrakech.

Noviembre: el **Festival Internacional de cine** *(marrakech-festiv com)* se celebra cada noviembre desde hace tiempo. Reúne a cineastas, actores y directores nacional e internacionales, con proyeccio especiales y talleres en escenario por toda la ciudad, como el Muse Yves Saint Laurent Marrakech.

El clima en Marrakech

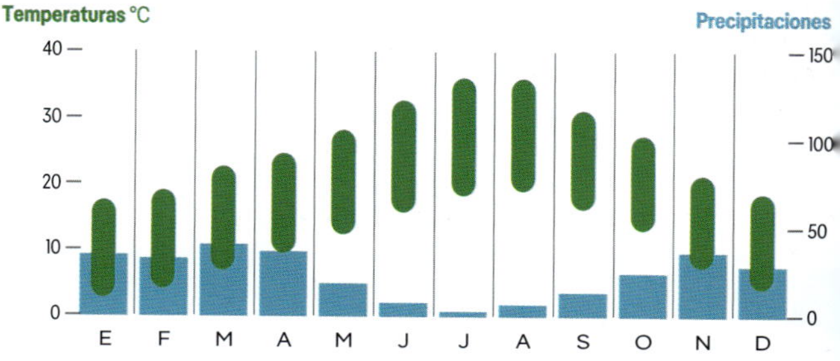

Festival Internacional de Cine.

rante la semana del festival, proyectan películas en Yamaa Fna.

madán y Eid

itar Marruecos durante el mes **ramadán** es una fantástica ortunidad para conocer la vida al y probar la deliciosa comida e se ofrece en el *ftour* (desayuno) amanecer. Las fechas cambian la año según el calendario ímico.

Se ayuna del amanecer al atarde-. Aunque los no musulmanes no nen que hacerlo, hay que evitar mer y beber por la calle. Los bancos y oficinas de correos cambian el horario, la hora vuelve a GMT/UTC y las tiendas de la medina no abren antes de las 11.00. Los restaurantes destinados a turistas permanecen abiertos todo el día y el desayuno en el alojamiento se sirve como de costumbre.

Eid El Fitr es una fiesta de uno o dos días para celebrar el fin del ramadán. **Eid El Adha** es una fiesta de cinco días que se celebra unos dos meses después del ramadán, en que las familias matan un cordero, muchos negocios cierran y el transporte público se reduce.

CONSEJOS SOBRE ALOJAMIENTO

Si se viaja entre semana y fuera de temporada, se encontrarán precios más bajos en los alojamientos. También hay ofertas en julio y agosto, pero hay que comprobar que tengan aire acondicionado para soportar el calor.

Cómo llegar

La mayoría de los viajeros llega al aeropuerto de Marrakech Menara o a la estación de trenes de Marrakech, ambos en la Ville Nouvelle. También hay buenas conexiones en autobús desde todo el país.

Del aeropuerto al centro

Taxi

Hay que reservarlo con antelación *(order.kech.cab)*, o ir al quiosco amarillo y negro en la salida. Un *petit taxi* cuesta 87 MAD hasta Yamaa El Fna (hasta 3 personas) y un *grand taxi* 107 MAD (para 4-6 pasajeros con equipaje extra como una tabla de surf).

Traslado privado

Salvo que se sepa exactamente dónde se va, es más fácil (y solo un poco más caro) organizar el traslado en taxi desde el aeropuerto con el alojamiento. El conductor dejará al viajero en la entrada a la medina más cercana al hotel o *riad*, y el personal acudirá a ayud con el equipaje.

Autobús nº 19 del aeropuerto

Hace una ruta circular, cada 30 min, entre el aeropuerto y el centro. Sale de delante del aparca miento que hay frente al vestíbul de llegadas y para en Arset El Bil (a 1 min a pie de Yamaa El Fna) y luego sigue por Av Mohammed vía Bab Nkob (parada para ir a Bab Doukkala) hacia Gueliz (por Place du 16 Novembre y la estación de trenes) antes de volver al aeropuerto.

Otros puntos de llegada

Estaciones de autobuses

En Marrakech hay tres. Los autobuses de CTM y Supratour llegan y salen desde sus propias estaciones, situadas una cerca de la otra en el barrio de Gueliz (a poca distancia a pie de la estación de trenes). También hay una *gare routière* (estación de autobuses) en Bab Doukkala, en el límite este de la medina.

Hay taxis esperando fuera de las estaciones de CTM y Supratour. Cuestan 20-50 MAD hasta Yamaa El Fna.

Estación de trenes de Marrakech

Esta moderna estación es grande, organizada y práctica. Hay taxis esperando fuera. El autobús nº 10 va a Yamaa El Fna cada 20 min de 6.00-22.00.

Cómo desplazarse

npacta y llana, Marrakech es ideal para caminar. El angosto erinto de zocos y callejones de la medina solo se puede explorar e. Las aceras están adoquinadas y son un poco irregulares; conviene ar calzado cómodo. Hay que vigilar con las omnipresentes motos. liz tiene un trazado más europeo, con aceras anchas, aunque también den ser irregulares. Cuidado al cruzar la calle: los conductores están obligados a parar.

k tuk'

suficientemente pequeños a recorrer las calles de la medina uy prácticos si el visitante se sa o cree estar perdido. Tuk Tuk rrakech es una iniciativa urbana ofrece empleo a personas discapacidad y tiene algunos ículos eléctricos. Se alquilan Yamaa El Fna o por WhatsApp chida *0641887553*).

i

ervicio ha mejorado y muchos stas usan el taxímetro (se puede ir si no lo hacen). Es mejor ar las paradas más turísticas opuerto, estación de trenes, ndes hoteles, Jardin Majorelle s que están cerca de las puertas a medina), ya que estos no están obligados a usar el taxímetro. El precio es mejor si se paran por la calle.

Los *petits taxis* pueden calcular diferentes tarifas al mismo tiempo (el taxímetro está programado para saber cuánto debe cada cliente). En la calle, en teoría se puede parar cualquier taxi, siempre que lleve menos de tres pasajeros. El taxista

DESDE LA IZDA.: JARTEE/SHUTTERSTOCK, MIN JING/SHUTTERSTOCK

'APP' DE NAVEGACIÓN

Google Maps es la mejor forma de orientarse por las diminutas calles de la medina.

preguntará el destino, y si está en la misma dirección que los demás pasajeros, se podrá subir. Para pararlo, hay que situarse en el lado de la calle con el tráfico en dirección al destino.

Los grupos de más de tres deben tomar un *grand taxi*. Los trayectos dentro de la ciudad cuestan 50 MAD, pero se pagará más si se toma en una parada.

Sea *petit* o *grand*, se paga en efectivo. Conviene llevar suficiente cambio para no tener que pagar con un billete de 200 MAD.

Autobús

La parada de autobuses principal de la medina está en el lado oeste de Arset El Bilk, el jardín junto a Yamaa El Fna. El servicio comienza sobre las 6.00 y termina entre 21.30 y 22.00, y los autobuses de las principales rutas pasan cada 15-20 min. Los billetes cuestan 4 MAD y se compran a bordo con monedas.

'Calèche'

Estos carruajes verdes tirados por caballos se concentran alrededor de Arset El Bilk junto a Yamaa El Fna y el Jardin Majorelle. Hay que regatear duro: un buen prec[io] sería 250 MAD para un paseo de 1½ h, pero muchos turistas acab[an] pagando el doble.

Se puede elegir la ruta hasta cierto punto, pero la más típica e[s] del Jardin Majorelle a la Casba y *mellah* pasando por Yamaa El Fn[a] y alrededor de las murallas.

Hay que comprobar el estado del caballo antes de regatear ya que algunos están mejor cuidados que otros. La organizac[ión] benéfica animal SPANA *(spana.org)* trabaja con los cocheros de Marrakech, controlando el bienestar de los caballos y manteniendo abrevaderos en las rutas más populares, pero necesi[ta] más sombra en Arset El Bilk.

Bicicleta

Esta ciudad llana es perfecta para ir en bicicleta, pero el tráfic[o] es un gran problema: hay que se[r] un ciclista experimentado para soportar el trajín de la medina. Alquilan bicicletas y cascos de buena calidad en Marrakech Gre[en] Wheels *(marrakechgreenwheels.co[m])* y Pikala Bikes (p. 114).

Alrededores de Marrakech

Norte y sur de la medina

Para visitar Sidi Ghanem, los museos de arte de la Palmeraie y el Museo del Agua, el alojamiento puede organizar el alquiler de un conductor privado. Costará unos 600/1000 MAD por medio día/dí[a] entero para 2-4 personas. Tambié[n] se puede negociar una tarifa sim[ilar] con un *grand taxi*.

afay

los los alojamientos y agencias excursiones organizan transporte de/a Marrakech.

Empresas como Dunes & Desert *nesdesert.com)* ofrecen paquetes medio día o día entero que luyen excursión en *bugui* y luerzo en un pueblo amazig.

Insiders Experience *(insiders erience.com)* ofrece trayectos moto y sidecar que incluyen a visita al pequeño pueblo Tameslouht de camino a uno de campamentos de excursiones muerzo, y regreso a Marrakech.

Si se prefiere pedalear, Mountain e Morocco *(mtbmorocco. n)* o Marrakech Green Wheels *arrakechgreenwheels.com)* ecen aventuras en bicicleta el desierto que incluyen Agafay.

CIRCUITO URBANO

'Calèche'
½ h 600 MAD/ 4 personas

Moto y sidecar
1½ h 1950 MAD/ 2 personas

Bicicleta
2½ h 275 MAD/ por persona

AUTOMÓVIL Y MOTOCICLETA

onducir por Marrakech es para valientes. Los conductores no suelen respetar carriles ni usan el intermitente, y hay que lidiar con taxis que paran en lugares insólitos, multitudes, *calèches* y carros tirados por burros.

RINCIPALES RUTAS DE AUTOBÚS

utobús n° 1	Yamaa El Fna-Gueliz-Bab Doukkala
utobús n° 10	Estación de trenes-Yamaa El Fna
utobús n° 11	Bab Doukkala-Yamaa El Fna-jardines Menara
utobús n° 12	Bab Doukkala-Jardin Majorelle-Gueliz-Hivernage
utobús n° 15	Yamaa El Fna-Gueliz-Sidi Ghanem
utobús n° 16	Yamaa El Fna-Bab Doukkala-Gueliz-barrios del noroeste

TARIFAS DE TAXI DESDE YAMAA EL FNA

km
Centro de Gueliz (3 km)
15 MAD

km
Jardin Majorelle (3,6 km)
20 MAD

km
Bab El Khemis (4 km)
25 MAD

Otra cara de Marrakec

Como cabe esperar en una ciudad antigua llena de estrechos callejones, Marrakech tiene muchos tesoros escondidos.

Detrás de la puerta

Quien no haya estado nunca en Marruecos, quizá se pregunte adónde le llevan al entrar en un callejón de paredes blancas de camino al *riad*. Cuando se abre la formidable puerta de madera tachonada de clavos negros y se entra… al doblar la esquina se revela todo: un patio abierto, un suelo de *zellige* (mosaico), quizá una fuente en el centro, naranjos, altas puertas de cedro, yeso labrado o madera pintada. Aunque difiera la decoración, el concepto siempre es el mismo: nada de la riqueza del propietario o la familia es visible desde la calle.

En los dormitorios no hay balcones ni vistas. Las habitaciones son largas y estrechas porque, tradicionalmente, los marroquíes dormían en banquetas arrimadas a las paredes en vez de camas de estilo occidental. Las ventanas dan a un patio central y la luz natural entra por este. Habrá que subir a la azotea para obtener vistas de la medina y las montañas del Alto Atlas a lo lejos. Aquí arriba se sirve el desayuno, o se toma el sol en las tumbonas. Muchos tienen piscina, en la azotea o en el patio.

Después de ver lo que se esconde tras esa gruesa puerta de madera, uno piensa en las joyas que escon den las demás. Si no se duerme e un *riad*, en el **Musée de la Musique** (p. 68) o tomando un té en **1112 Marrakech** (p. 91) se puede admirar su arquitectura.

Minarete de la mezquita Kutubi

En una mezquita normal, el mue sube las escaleras del interior del minarete para llamar a la oración Pero como el **alminar de la Kutubia** (p. 50) tiene una altura de 77 se construyó (en 1195) una rampa en el interior para que pudiera su a caballo hasta arriba. Desde aqu llamaba a los fieles a la oración desde los cuatro puntos cardinale En la actualidad, simplemente se queda en la planta baja y utiliza u micrófono. En el 2016, se instalar paneles solares, calderas solares e iluminación led para hacerla más eficiente energéticamente.

Ricos y famosos en Marrakech

Estrellas de cine, políticos, músic artistas, estrellas del deporte y la realeza, todos parecen disfrutar e Marrakech. La Ciudad Roja siem ha atraído a celebridades, desde George Orwell en 1938, que qued horrorizado ante las condiciones vida de los marroquíes, a Winsto

ırchill, que contó a Franklin
Roosevelt que era el lugar más
ravilloso del mundo. Más recien-
ıente, los duques de Sussex hicie-
. una visita oficial en el 2019, los
ıton asistieron al cumpleaños de
amigo el mismo año, y la reina
ısorte Camila de Inglaterra hizo
ı visita privada en el 2025.
En sus cien años de existencia,
ıotel **La Mamounia** (p. 56)
albergado a muchos de estos
rsonajes famosos. En su piscina,
:il Beaton fotografió a los Rolling
ınes, el decorador americano
l Willis acompañó aquí a Jackie
ınnedy, Yves Saint Laurent y
rre Bergé iniciaron su romance
Marruecos, y Paul McCartney
ribió "Mamunia" en 1973. Descrito en *¿Quién es Anna?* (2022), la notoria estafadora Anna Delvey fue una huésped no tan bienvenida.

Museos en la medina

Es sorprendente que en los 11 km² de la medina haya nada menos que 15 museos, algunos gestionados por la Fundación Nacional de Museos y algunos privados. Desde el magnífico **Musée de Marrakech** (p. 90) hasta el diminuto **Musée du Parfum** (p. 115). Lo mejor de todo es que ocupan extraordinarios edificios que bien merecen la visita. Algunos son *riads* construidos cerca de la casba, hogar del sultán, para que las familias más ricas e influyentes estuvieran cerca de él: por ejemplo, Si Saïd, hermano del

Mezquita Kutubia (p. 49).

Nido de cigüeña, palacio El Badi (p. 1

gran visir, que vivía en el palacio Bahia, construyó **Dar Si Saïd** (p. 54), actual Musée National du Tissage et du Tapis. Allí cerca está Dar Kniber, actual **Musée de l'Art Culinaire Marocain** (p. 55). En los últimos años, tres nuevos museos han entrado en escena: el de la joyería **Monde des Arts de la Parure** (p. 105) en la casba, una reciente reconstrucción de dos *riads;* el **Musée du Patrimoine Immatériel** (p. 47) en un edificio *art déco* que antes albergaba el banco nacional; y el **Musée de l'Élégance Marocaine** (p. 91), que sustituye al Museo Orientalista y presenta 1300 años de moda nacional.

Palacio real

El rey Mohammed VI tiene palaci en muchas ciudades del país. En Marrakech, está en la casba (p. 9 originalmente construido por los alr hades tras su invasión en el s. XII. To el barrio de la casba era real, con mezquita El Yazid que servía al séqu del sultán. Aunque Dar El Makhzen se puede visitar, los actuales edifici palaciegos y jardines se construyer en el s. XVIII. El rey y su familia lo usan cuando visitan la ciudad, y ta bién se alojan en una parte privad del cercano palacio Bahia (p. 98).

Cigüeñas en Marrakech

Estas grandes aves blancas y negr construyen inmensos nidos de

ıas en estructuras elevadas como ıaretes y torres de comunicaıes. Regresan a Marruecos tras ar el invierno en el sur de África)s marroquíes las adoran, pues en que traen la primavera y ena suerte. Está prohibido hales daño. En darija las llaman -*lak,* imitando el ruido que hacen el pico, y en árabe, *bellarj.*
Dar Bellarj (p. 91), cerca de madraza Ben Youssef, en Kâat n Nahid, es un centro artístico ultural que antiguamente era hospital de cigüeñas enfermas eridas.
El mejor lugar para ver cigüeñas Marrakech es el **palacio El Badi** 104), donde disfrutan de las vis- desde los altos muros rojos. Para las más de cerca, hay que subir a azotea de **Kosybar** (p. 107) en ıce des Ferblantiers y compartir atardecer con ellas y una copa vino rosado marroquí.

rteles de películas

ınque Marruecos tiene su propia próspera industria del cine, arrakech ha sido escenario de andes producciones de Hollywood. el **Musée du Patrimoine ımatériel** (p. 47) en Yamaa Fna hay una sala dedicada a las lículas y obras ambientadas en la ıdad o alrededores. En los carte- que decoran las paredes puede rse a James Stewart y Doris Day unciando *El hombre que sabía masiado* (1956) de Alfred Hitchck, con cuentacuentos de Yamaa El Fna y escenas filmadas en el hotel La Mamounia. También está Tom Cruise en *Misión imposible: nación secreta* (2015), Nicole Kidman en *La reina del desierto* (2015), Tom Hiddlestone en *El infiltrado* (2016), *Sexo en Nueva York 2* (2010) y muchas más.

FUERA DE RUTA

- Alquilar una bicicleta en **Marrakech Green Wheels** *(marrakechgreenwheels.com)* y recorrer los 19 km de murallas fortificadas; en el lado este hay un atractivo sendero panorámico.
- Encontrar una ganga en el **zoco El Khemis** (p. 115), un enorme mercadillo en la parte más septentrional de la medina, especialmente los jueves y sábados.
- Alquilar una moto *vintage* con sidecar en **Insiders Experience** *(insidersexperience.com)* para un día de exploración por el desierto de piedra de Agafay en camello y *quad* (p. 140).
- Ver la película sobre el sistema hidráulico en **Le Jardin Secret** (p. 66; *youtu.be/7aHtRrW W8JM)* que muestra el abastecimiento de agua a través del sistema *khettara*.
- Llenar un bote de terracota con carne, limones en conserva y azafrán y dejarlo cocer durante horas en los carbones del *hammam* como los solteros de antaño en un circuito de artesanos de **Moroccan Food Adventures** (p. 54).

Explora Marrakech

Merece la pena

Circuitos a pie

Musée des Confluences, Dar El Bacha (p. 69).
CKTRAVELS.COM/SHUTTERSTOCK

Sugerencias de lugares para comer, beber y comprar en **p. 58**

Explora
Yamaa el Fna y sur de los zocos centrales

¡Pasen y vean! Si hay algo que el viajero no puede perderse en Marrakech es el gran circo de Yamaa el Fna. De día, agudas flautas y tambores ponen la música, mientras los vendedores callejeros comercian con incienso y especias, los puestos de zumos de frutas están en plena actividad, abren las tiendas abarrotadas de cestas y las motos pasan zumbando. De noche, una festiva multitud acude a comer y divertirse con músicos y artistas. Al sur, las calles paralelas de Riad Zitoun y los callejones circundantes esconden interesantes tiendas.

Cómo desplazarse

A pie

Yamaa el Fna está más o menos en el centro de la medina y muchas calles desembocan en ella. Todo el mundo sabrá indicar dónde está la plaza (a veces, no hará falta preguntar). Esta zona es llana y de calles estrechas; lo mejor es recorrerla a pie. Hay que tener cuidado con las motos y los repartidores con sus carros. El pavimento está adoquinado, así que conviene ir bien calzado.

★

LO MEJOR

PLAZA HISTÓRICA
Yamaa el Fna (p. 42)

MUSEO
Dar Si Saïd (p. 54)

GALERÍA DE ARTE
DaDa Marrakech (p. 57)

CAFÉ DE AZOTEA
Zeitoun Café (p. 59)

JOYA ARQUITECTÓNICA
Mezquita Kutubia (p. 49)

Mezquita Kutubia (p. 49).
ATON/SHUTTERSTOCK

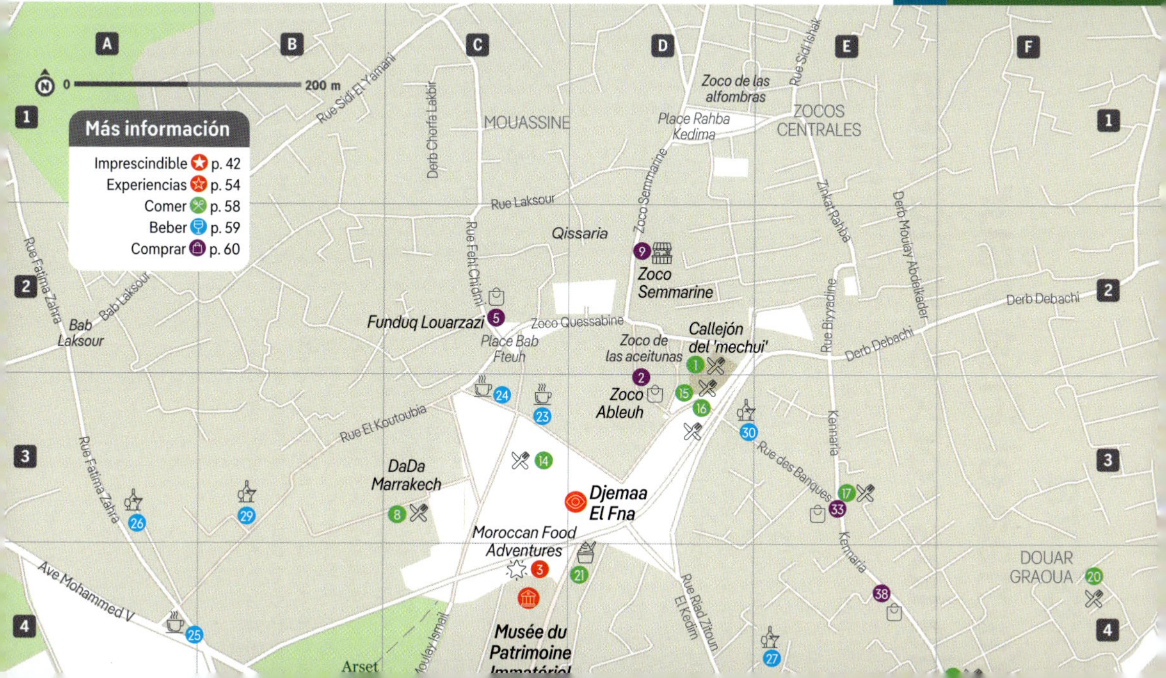
A
B
C
D
E
F
1
2
3
4
0
200 m
Más información
Imprescindible p. 42
Experiencias p. 54
Comer p. 58
Beber p. 59
Comprar p. 60
Rue Sidi El Yamani
Derb Chorfa Lakbir
MOUASSINE
Zoco de las alfombras
Rue Sidi Ishak
Place Rahba Kedima
ZOCOS CENTRALES
Rue Laksour
Qissaria
Zoco Semmarine
Zinkat Rahba
Derb Moulay Abdelkader
Rue Fatima Zahra
Bab Laksour
Rue Fehl Chidmi
Zoco Semmarine
Funduq Louarzazi
Zoco Quessabine
Place Bab Fteuh
Zoco de las aceitunas
Callejón del 'mechui'
Rue Biyyadine
Derb Debachi
Derb Debachi
Zoco Ableuh
Rue El Koutoubia
Kennaria
Rue des Banques
DaDa Marrakech
Djemaa El Fna
Moroccan Food Adventures
Kennaria
DOUAR GRAOUA
Ave Mohammed V
Rue Riad Zitoun El Kedim
Musée du Patrimoine Immatériel
Moulay Ismail
Arset
1
2
3
5
8
9
14
15
16
17
20
21
23
24
25
26
27
29
30
33
38

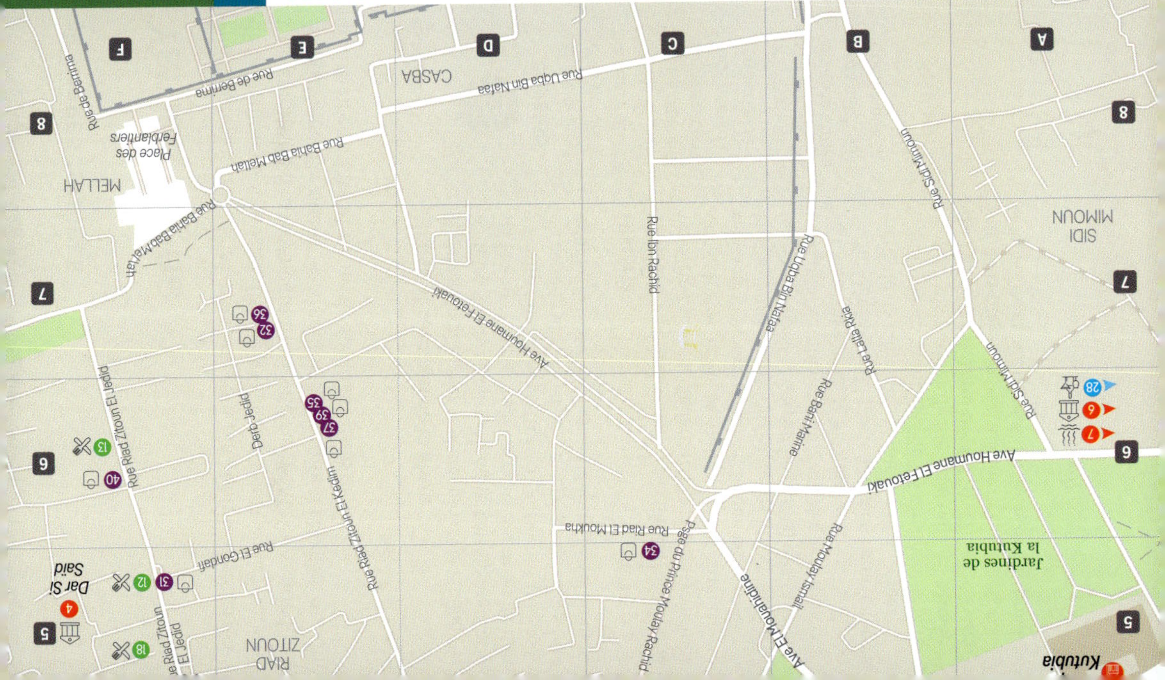
A
B
C
D
E
F
5
6
7
8
CASBA
MELLAH
Place des Ferblantiers
RIAD ZITOUN
SIDI MIMOUN
Dar Si Saïd
Jardines de la Kutubia
Kutubia
Rue de Berrima
Rue Uqba Bin Nafaa
Rue Bahia Bab Mellah
Rue Bahia Bab Mellah
Ave Houmane El Fetouaki
Rue Ibn Rachid
Rue Sidi Mimoun
Rue Lalla Rkia
Rue Bani Marine
Rue Moulay Ismail
Ave El Mouahidine
Psge du Prince Moulay Rachid
Rue Riad El Moukha
Rue Riad Zitoun El Kedim
Rue Riad Zitoun El Jedid
Derb Jedid
Rue El Gondafi
4
6
7
12
13
18
28
31
32
34
35
36
37
39
40

★ IMPRESCINDIBLE

Yamaa el Fna

Palpitante corazón de Marrakech, esta plaza bulle de energía de la mañana a la noche. De día vibra con puestos de recuerdos y de zumos de frutas, encantadores de serpientes y vendedores de pociones. De noche, se transforma en una feria gastronómic al aire libre y late al ritmo de fascinantes artistas.

PLANO P. 40 **D3**

CONSEJO
Es mejor llegar antes del mediodía para evitar las hordas de turistas. De noche, se pueden recorrer los puestos de comida en un circuito gastronómico, y subir a la azotea de los cafés para contemplar la acción a vista de pájaro.

Unirse al carnaval de la plaza

Bienvenido al mayor espectáculo de la ciudad. Se mire donde se mire, siempre hay algo que atrapa la atención. Y desde hace casi un milenio: danzas hipnóticas, *halqa* (teatro callejero) y puestos de comida al ritmo de los tambores gnauas y las agudas flautas de los encantadores de serpientes.

Historia

Yamaa el Fna nació en el s. XI, cuando los almorávides fundaron la ciudad. Historiadores y vecinos debaten si se llama así porque era el escenario de las ejecuciones públicas, ya que una de sus traducciones es "asamblea de los muertos", o si hace referencia al derrumbe parcial de la vecina mezquita Kutubia en el s. XVIII, ya que también significa "mezquita de los muertos".

Durante siglos, la plaza funcionó como enorme mercado de alimentos al que acudían comerciantes de las montañas de los alrededores para montar sus puestos de lona cada día. El **Musée du Patrimoine Immatériel** (p. 47), en el extremo sur de la plaza, conserva fotos de aquella época, además de explicaciones del lugar donde ponía sus

SAIKO3P/SHUTTERSTOCK

uestos cada cabila bereber (amazig), así como historias de los personajes más populares de la plaza. Iay más imágenes en la **Maison de la Photographie** (p. 87).

Calma matutina

'asear por la plaza a primera hora es la única opión de apreciarla sin su frenesí habitual, pues está asi vacía. Los vendedores de zumos de frutas son os primeros en llegar, junto a los encantadores de erpientes, con sus cestas de cobras. Les siguen los omerciantes de incienso y pociones, y los tatuadores de jena, que montan sus puestos bajo grandes parasoles.

UNA PAUSA
Para reponer fuerzas, nada mejor que un té de menta en la terraza del **Grand Balcon du Café Glacier,** con su fantástico mirador para observar la acción.

SERPIENTES Y MONOS
Puede haber monos encadenados y las prácticas de los encantadores de serpientes pueden ser éticamente cuestionables para personas sensibles. Por la noche no están en la plaza.

Carnaval nocturno

Con la llegada de los puestos de comida, hacia las 17.00, el ambiente comienza a caldearse. Al atardecer, las parrillas ya humean y vecinos y visitantes se acercan a la plaza para disfrutar de la noche. Siempre ha sido así, un lugar de reunión para comer, socializar y pasarlo bien. En sus inicios, la gente acudía a la plaza para escuchar las últimas noticias e historias sobre el resto del país. Los puestos de comida, a menudo pasados de padres a hijos, se organizan en rigurosas hileras (aunque no en orden numérico), y todo está escrupulosamente ordenado. Hoy, en el centro de la plaza se colocan los puestos de comida, rodeados por los vendedores de zumos de frutas, y los artistas en el borde exterior.

Hay que hacer como los vecinos: escoger lo que se quiere comer sin ningún orden especial en los

TUPUNGATO/SHUTTERSTOCK

estos de comida, como un bocadillo, e ir a ver a los :istas, para luego regresar y seguir comiendo. Lo portante es la buena comida y la diversión nocturna.

na...

ldo especiado de caracol, brochetas de corazón, rbujeantes tayines y pescado frito: los **puestos comida de Yamaa el Fna** (p. 58) son como una nda abarrotada que vende todo tipo de especiali- dades marroquíes, algo digno de ver. Los escrupulo- s pueden confiar: no hay peligro para el estómago, requisitos de higiene se cumplen rigurosamente. ıy que lavarse las manos antes de comer, usar pan vez de cubiertos y beber solo agua filtrada.

Los puestos están numerados y distribuidos una cuadrícula. Los de caracoles están en una lera del lado este. Si se quiere pescado frito y lamares, hay que ir al **puesto 14.** La adorable cha, que lleva el **puesto 1,** en la esquina suroeste, nde brochetas, tayines y *harira* (sopa de carne, mate y legumbres).

Después de cenar, se puede seguir a los vecinos ısta la hilera de samovares de cobre llenos de té el extremo sur de los puestos. Su especialidad un té de jengibre caliente llamado *khoudenjal,* n canela y cardamomo, servido con una ración bizcocho denso, pegajoso y especiado. Se reco- ienda el **puesto 71, Chez Mohammed;** es la rma ideal de terminar la comida.

y espectáculo

ılir por la noche es sinónimo de diversión. Los tistas de Yamaa el Fna ofrecen sorpresa, excita- ón, espectáculo y diversión tradicional por igual. a gente se apiña a su alrededor y observa, y si les ısta dejan una propina. Los músicos bereberes raen a los nostálgicos de sus pueblos de montaña. os bailarines con trajes de satén brillante dan ıeltas y saltan al ritmo de las melodías gnauas ue toca la *hajhooj* (guitarra de tres cuerdas),

CUÁNDO IR

A media mañana es el mejor momento para ver tranquilamente los puestos de la plaza, sin tanto gentío. Los puestos de comida empiezan hacia el atardecer y es habitual dedicar un par de horas a comer y ver a los artistas, quizá con una pausa en el café de una azotea. Los fines de semana hay más gente, así como una mayor variedad de artistas.

BARTOSZ HADYNIAK/GETTY IMAGES

ATARDECER EN LA PLAZA
Los cafés que rodean Yamaa el Fna y sus azoteas son ideales para ver ponerse el sol detrás de la mezquita Kutubia y tomar nocturnas de la plaza. Dos de los mejores son **Argana** (p. 59) y **L'Adresse** (p. 59), ambos con ascensor.

acompañada de castañuelas, con sus sombreros de borlas incrustados con conchas de cauri. En otra esquina, bailarines del vientre, con velos y tejidos brillantes atados a la cintura, se contonean ante el público. Otros intentan ganar una botella de refresco con una caña de pescar, o acuden a que les lean su porvenir en las líneas de la mano.

Durante siglos, Yamaa el Fna ha sido un escenario de músicos, adivinos, tragafuegos, faquires, acróbatas y, por encima de todo, *hikayat,* cuentacuentos. Hoy, los últimos cuentacuentos han desaparecido y con ellos muchos de los artistas tradicionales de la plaza. Se teme por lo que se está perdiendo: aunque Yamaa el Fna es un paisaje urbano protegido desde 1922 y Patrimonio Mundial de la Unesco desde el 2001 como lugar de intercambio cultural único, la Unesco ha calificado la plaza como "lugar bajo grave amenaza" por la urbanización y la asimilación cultural.

IMPRESCINDIBLE

ıusée du Patrimoine nmatériel

ɔicado en un elegante edificio *art déco* que ocupara antaño banco nacional, y en una posición preeminente sobre Yamaa Fna, el **Museo del Patrimonio Inmaterial** *(adultos/ tudiantes y menores de 18 años 40/10 MAD)* es una maravillosa corporación para comprender esta importante plaza.

ANO P. 40 **C4**

uien es quien en la plaza

nto de día como de noche desfilan por la plaza uadores vestidos de colores brillantes, músicos reberes, bandas gnauas, curanderos, adivinos, tuadores de jena y vendedores de comida tradi- onal. Este excelente museo describe quienes son por qué están aquí, y cómo algunos de ellos han o desapareciendo, como los cuentacuentos.

Hay modelos de varios personajes de la plaza stidos con sus trajes tradicionales, como los uadores, con sus característicos trajes rojos, andes sombreros de ala ancha, bolsas de piel chonadas de monedas y tazas de metal, todavía sibles hoy día. Hay un escribano vestido de azul, rodillado en su escritorio, listo para escribir una rta a un cliente y un músico gnaua lleva sus nchas de cauri tradicional, a punto de tocar las stañuelas.

CONSEJO
El museo abre cada día de 10.00 a 18.00, excepto los martes. Se tarda cerca de 1 h en ver las exposiciones. Es accesible en silla de ruedas.

atrimonio cultural inmaterial de la Unesco

a historia de la plaza como encrucijada y centro e comercio y teatro al aire libre se relata a través e un gran número de artefactos, documentos y elículas que dan fe de la importancia de este lugar lo largo del tiempo. La Unesco lo reconoció en el

Escanea este código QR para precios y horarios.

FRANTICOO/SHUTTERSTOCK

PAUSA PARA UN HELADO
Al este del museo está **Oriental Legend** (p. 59), ideal para probar un helado de sabores marroquíes: *ras el hanout* (mezcla picante), *amlou* (mantequilla de argán) o rosa.

2008 cuando la describió como una concentración excepcional de tradiciones culturales populares marroquíes que se expresan a través de la música, la religión y el arte, todo lo cual se explica en el museo.

Exposiciones

Carteles de películas rodadas en la plaza o sus alrededores cubren las paredes de una de las salas: James Stewart y Doris Day en *El hombre que sabía demasiado* de Alfred Hitchcock de 1956, Tom Cruise en *Misión imposible: nación secreta* (2015) y muchos más, junto a anuncios de teatro marroquí. Hay otras exposiciones de artistas marroquíes y dos enormes obras maestras del pintor orientalista Jacques Majorelle con escenas de la plaza.

Mezquita Kutubia

nco veces al día, la voz del muecín de la **mezquita Kutubia** alza sobre la algarabía de Yamaa el Fna para llamar a los eles a la oración. El alminar de la mezquita vigila la ciudad itigua y es el monumento más famoso de la ciudad.

ANO P. 40 **A5**

mezquita

uada 500 m al suroeste de Yamaa el Fna, es la ás grande de Marrakech y de vital importancia ra los marroquíes; su alminar es el símbolo de ciudad. Durante el terremoto del 2023, la gente horrorizada cómo quedó inclinado ligeramente. nora se ha restaurado por completo.

No es el primer terremoto que sufrió la mezita. Se cree que se derrumbó durante el enorme ísmo de Lisboa de 1755, sepultando a cientos de rsonas, lo que posiblemente dio lugar al nombre Yamaa el Fna, que se podría traducir como nezquita de los muertos". En el lado noroeste se llan las ruinas de la **sala de oración** original, del XII, abierta a todo el mundo. Al norte del alminar, puerta original todavía sigue en pie. En el muro ás alejado de las ruinas pueden verse los restos los arcos que habrían sostenido el techo. Los lientes del suelo son las antiguas columnas de sala.

El pequeño edificio con la cúpula blanca rca de la calle es la **'qubba' de Lalla Zohra,** tumba de Fátima Zohra bint al Kush, una santoa que murió a principios del s. XVII.

CONSEJO
La mezquita solo está abierta a los musulmanes. La mejor ocasión de ver el interior para los no musulmanes es el viernes, cuando se abren las puertas para la oración.

WIRESTOCK CREATORS/SHUTTERSTOCK

UNA PAUSA
El antiguo **Café El Koutoubia** (p. 60), frente a Ave Mohammed V, es ideal para tomar un té de menta en su terraza. Tiene magníficas vistas del alminar.

Alminar de referencia

Completado en 1195, el **alminar** se eleva 77 m y es visible desde varios kilómetros a la redonda. De hecho, su uso iba más allá de lo espiritual ya que también servía de faro y torre vigía; no está permitido construir a su alrededor ningún edificio que supere la altura de una palmera.

La estructura cuadrada de arenisca, de 12,8 m de lado, está decorada con hermosos arcos festoneados, arabescos tallados, *zellige* (mosaicos geométricos) verdes y blancos y almenas dentadas. Dentro, una rampa suficientemente ancha permitía al muecín subir a caballo hasta arriba, pero ahora utiliza un micrófono para llamar a la oración. Es el prototipo de la Giralda de Sevilla y la torre Hassan de Rabat.

yendas
la Kutubia

minarete está coronado por una aguja con
s bolas de latón de estilo morisco. Antes de
, cuenta la leyenda que estos globos fueron un
sequio a la mezquita de la esposa del sultán al-
hade Yacoub Al Mansour, que fundió sus joyas
mo castigo por ser vista comiendo durante las
ras de ayuno del ramadán.

Actualmente, estas bolas están llenas de una
mineral especial de las montañas del Alto
las con nitrato y magnesio que evitan que la
uja se oxide. La sal se cambia una vez al año,
rante el ramadán, para mantener su brillo
rado. Frente a la aguja, un astil de madera
unta hacia La Meca, y también sirve para
locar banderas en fiestas religiosas.

Otra leyenda cuenta que los rigurosos almoha-
s hicieron demoler la mezquita original a medio
nstruir porque la *qibla,* el muro orientado a
Meca, no estaba bien alineado con la ciudad
nta. Las fechas exactas de construcción no están
ras.

rdines de la Kutubia

trás de la mezquita, una vasta extensión
palmeras forma los **jardines de la Kutubia,**
lugar popular para pasear y relajarse o hacer
a breve pausa. Si se necesita un momento de
z después de sortear motos por los estrechos
llejones de la medina y eludir a los persistentes
scavidas, ofrece una apacible pausa con fantás-
as vistas del alminar.

EL ORIGEN DEL NOMBRE
En el s. XIX, los libreros se congregaban al pie de la Kutubia, y de ahí el nombre, derivado de *kutubiyyin* ("libreros" en árabe). Antes, era simplemente la mezquita almohade.

FOTOGÉNICO ALMINAR
El mejor lugar para fotografiar el alminar de la Kutubia, enmarcado por las palmeras, es bajo la arcada a la izquierda de la entrada principal.

CIRCUITO A PIE

Paseo por Yamaa el Fna y sur de los zocos centrales

Un paseo por la vasta extensión de Yamaa el Fna y las estrecha calles de Riad Zitoun, con regreso por las fascinantes callejuela posteriores de la plaza, en busca de zocos y museos. Se recorre en poco más de 1-2 h, más el tiempo empleado en museos, tiendas y restaurantes.

INICIO	FINAL	DURACIÓN
Musée du Patrimoine Immatériel	Argana Café	1,6 km; 2 h

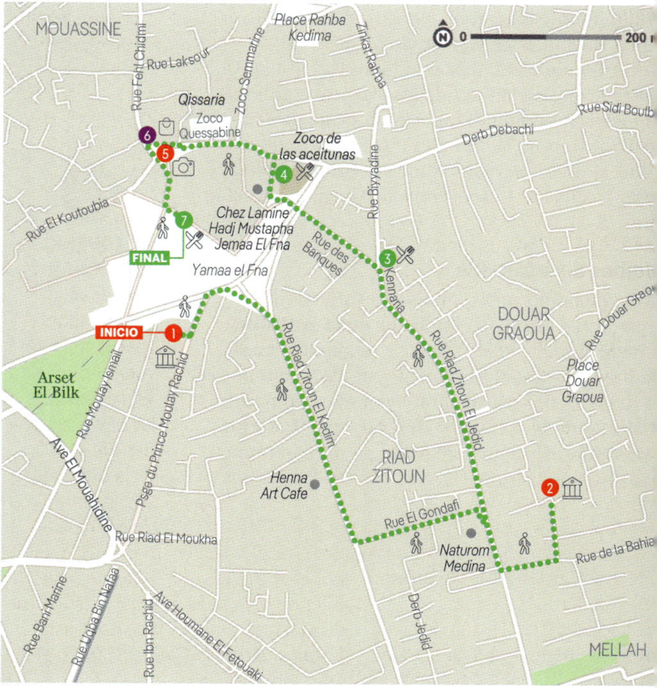

Adentrarse en los zocos

›mpieza en el **Musée du Pa-** **noine Immatériel** (p. 47), que ta la historia de la plaza. Al salir, ira a la izquierda y se camina el borde de la misma. Se toma rimera a la derecha por Rue d Zitoun El Kedim, la calle "del guo olivar". Se sigue por esta vía a de pequeñas tiendas, pasando el Henna Art Cafe, donde en tatuajes de jena.

Pasear por las calles

Magic Rugs, con gran variedad lfombras nuevas y antiguas, ira a la derecha y se sigue la e hasta el cruce en T con Rue d Zitoun El Jdid (calle "del vo olivar"). Se gira a la derecha continúa, pasando la adorable da de cosmética Naturom, hasta de la Bahia. Se gira a la izquier- se siguen las indicaciones a **sée National du Tissage et du** **is-Dar Si Saïd** (Museo Nacional Tejido y las Alfombras; p. 54).

Calle del Nuevo Olivar

etrocede hasta Naturom y se e al norte por Rue Riad Zitoun edid, pasando por los excelentes aurantes La Famille y Naranj y chada rosa de la *boutique* Warda Mouche. En el cruce, la tienda de tes esenciales Aromatimri queda izquierda, y los restaurantes chich y **Cantine des Gazelles** 59) a la derecha. Se toma la rcación a la izquierda y se sigue Rue des Banques hasta el Café France, en Yamaa el Fna.

4 Callejón del 'mechui'

Se continúa recto y se toma la siguiente a la derecha en Zeitoun Café por Derb Semmarine. Es el callejón del *mechui;* **Chez Lamine Hadj Mustapha** (p. 54) queda a la derecha, famoso por el *tanjia* (cordero asado bajo tierra). Se toma en la bifurcación a la izquierda por el zoco Ableuh, donde se encuentra el colorido zoco de las aceitunas con una docena de puestos.

5 Fanadiq de Bab Ftouh

Se gira a la izquierda y luego a la derecha hasta la brillante tienda Palais de la Menara, donde se vuelve a girar a la izquierda. Se camina por esta calle llena de tiendas de especias y de ropa hasta **Bab Ftouh,** una pequeña plaza con una farmacia. Hay varios *fanadiq* (hostales) por aquí.

6 Funduq Louarzazi

Se cruza la arcada (marcada con el nº 56) hacia **Funduq Louarzazi** (p. 55), uno de los pocos *fanadiq* no restaurados. En el *funduq* hay tiendas de ropa, artículos de piel, babuchas y calzado, cerámica y joyería. Vale la pena visitar a Aziz, que vende joyas bereberes y tuareg, además de antigüedades del sur de Marruecos y otros países.

7 Regreso a Yamaa el Fna

Se sale del *funduq* y se camina recto por el zoco Laksour, pasando más hileras de tiendas de ropa y artículos de piel orientadas a turistas) hasta llegar al **Argana Café** (p. 59) en el extremo norte de Yamaa el Fna.

EXPERIENCIAS

Por el callejón del 'mechui'
COMIDA CALLEJERA

Antes del mediodía, los vendedores de esta hilera de **puestos** (PLANO: 1 P. 40 **D2**) empiezan a trinchar humeantes *mechui* (cordero asado a fuego lento). Hablan poco inglés, pero basta con señalar el corte de carne que más apetezca, y pedir *nus* (medio) o *rubb* (cuarto) de kilo. La carne, tiernísima, se sirve con pan recién horneado, comino y sal. Se puede pedir para llevar o comerla en los bancos detrás del mostrador, junto al horno en el suelo donde se asa el cordero.

En la entrada sur del callejón está el famoso **Chez Lamine Hadj Mustapha** (p. 58), con las ollas de barro cerradas donde prepara su especialidad: *tanjia*, el famoso "guiso de los solteros" marroquí. Se usa el pan cubierto para comer esta tierna carne.

A la vuelta de la esquina está el diminuto **zoco Ableuh** (PLANO: 2 P. 40 **D3**), dedicado a las aceitunas, con brillantes aceitunas verdes, negras, púrpura y marinadas en *harissa*: el paraíso de la aceituna. Hay una docena de puestos especializados en aceitunas, alcaparras, chiles, limones en conserva y *harissa*.

Circuito gastronómico con Moroccan Food Adventures
CIRCUITO

PLANO: 3 P. 40 **C4**

El popular circuito nocturno de comida callejera de **Moroccan Food Adventures** *(moroccanfoodadventures.com; 80 €/persona)* empiez a las 18.00 en la oficina de correc de Yamaa el Fna; recorre las calle y callejones de la medina durant 3½ h, descubriendo lugares que jamás se encontrarían por cuent propia y probando platos que un jamás pensaría probar.

El museo de alfombras Dar Si Saïd
MU

PLANO: 4 P. 40 **F5**

Si Saïd, propietario original de esta mansión de la medina del s. x monumento a los *mâalem* (maestros artesanos) marroquíes, era e hermano del gran visir Bou Ahm que vivía en el palacio Bahia. Ah alberga el **Musée National du Tissage et du Tapis-Dar Si Saï** *(Museo Nacional del Tejido y las Alfombras; fnm.ma/musees-ouve musee-dar-si-said-de-marrakech,* Lamentablemente dañado duran el terremoto del 2023, el *riad* estaba en reformas al escribir es líneas; su reapertura estaba pre ta para finales del 2025/principi del 2026.

Como todos los museos de Marrakech, el edificio es tan interesante como las exposicion Ofrece un viaje por la historia y importancia social de las distint formas de confección de las alfo bras marroquíes, desde tejidos rurales a telares urbanos.

Las galerías de la planta baja co ducen a un apacible patio interior una fuente central bajo un quiosco madera con un techo de elaborada uras. Alrededor del patio, unas rtas con arcos ornamentados ducen a salas que albergan colec- ies de joyería bereber (amazig), as del s. XIX y tejidos rústicos. En planta hay una cámara nupcial ectacularmente decorada.

as comerciales Tombuctú en Iusée Tiskiwin

MUSEO

Iusée Tiskiwin *(tiskiwin.wdro.* ocupaba otro edificio dañado en erremoto del 2023, por desgracia, iasiado para restaurarlo. En el mento de escribir estas líneas se caba nueva ubicación para esta tacable colección en el mismo rio, con apertura prevista a fina- del 2025 o principios del 2026. e puede emprender un viaje ual a Tombuctú con la colección irte del difunto antropólogo neer- lés Bert Flint. Cada exposición resenta una parada de la ruta aravanas entre el Sáhara y Ma- kech, con artesanía, desde sillas nontar camellos tuaregs hasta ombras del Alto Atlas, una fasci- ite mirada al pasado comercial Marrakech.

El magnífico libro de Flint que detalla la colección, *African Berber Culture in North Africa and the Sahel Region*, se vende en la librería del Jardin Majorelle.

Un tesoro de arte amazig en el Funduq Louarzazi

TIENDA

PLANO: 5 P. 40 **C2**

Merece la pena explorar los antiguos *fanadiq* al norte de Yamaa el Fna en Bab Ftouh, como el **Funduq Louarzazi,** donde se puede visitar a Abdelaziz El Khanjar en su tienda **Jewellery Aziz** *(0661519877)*. Es un buen sitio para encontrar piezas auténticas. Tiene interesantes joyas bereberes de plata, cuentas de ámbar, turquesa y coral dignas de museo, bolsos de piel de los tuaregs de Mauritania, y clavijas de madera tallada para portaequipajes de camello (a menudo erróneamente vendidas como piquetas), hechos por nómadas del desierto.

Un paraíso para gastrónomos en el Musée de l'Art Culinaire Marocain

MUSEO

PLANO: 6 P. 40 **A6**

Ubicado en un increíble *riad*, originalmente propiedad de otra de

ETIQUETA EN LA MEDINA

En Gueliz se pueden llevar pantalones cortos y camisetas sin mangas, pero la medina, la vida es más tradicional. Tanto para hombres como para mujeres, esto significa no llevar pantalones cortos, camisetas sin mangas o ropa que transparente. Aunque todo el mundo está sobradamente acostumbrado a los turistas extranjeros (lo que incluye su forma de vestir, máxime con las altas temperaturas de Marrakech), quizá algunas personas de más edad puedan reprobar estas conductas, al margen de que nunca está de más intentar pasar desapercibido, especialmente para evitar a los buscavidas que abundan en esta parte de la ciudad.

las ricas familias que vivían cerca del sultán en la casba, el **Musée de l'Art Culinaire Marocain** *(Museo de las Artes Culinarias Marroquíes; moroccancam.com)* debería ser la primera parada en Marrakech para los amantes de la comida. Este enorme *riad* tiene dos patios interiores, uno con una fuente de mármol enmarcada por cuatro olivos.

Distribuidas en tres plantas, las exposiciones están separadas por tipos de platos, desde sopas y pasteles a comida callejera. Hay carteles en inglés que explican la historia y la cultura del característico patrimonio gastronómico nacional y se exponen vajillas y manteles, que se pueden comprar en la tienda.

Se realizan demostraciones de técnicas de cocción con *dadas* (cocineras) y clases en talleres bien equipados *(clásico de 3 platos 700 MAD, prémium con recetas y delantal 1050 MAD)*, y una clase de cocina judía, disponible bajo petición. También hay un salón de té, un restaurante en la azotea y una tienda que vende productos locales. Las entradas y clases se reservan en línea.

La prestigiosa 1-54 Contemporary African Art Fair

ARTE

Si se está en Marrakech a finales de enero/principios de febrero, no hay que perderse la **1-54 Contemporary African Art Fair** *(1-54.com/marrakech)*, que se celebra en el hotel La Mamounia y en DaDa Marrakesh, entre otros espacios. Fundada en 2013 por Touria El Glaoui, celebra tres ediciones anuales: en Londres, Nueva York y Marrakech. Presenta galerías internacionales especializadas en arte africano contemporáneo que muestran cuidadas selecciones de rompedoras piezas de artistas emergentes y establecidos. También se ofrecen charlas con los artistas, mesas redondas y un programa de proyectos especiales. El nombre hace referencia a los 54 países que forman el continente africano.

Un recurso excelente para descubrir lo que se cuece en el mundo artístico de Marrakech es *1-54.com/marrakech/whats-on*.

Glamur en La Mamounia

HO

PLANO: 7 P. 40 **A6**

Muchas celebridades han pasado por **La Mamounia** *(mamounia.com)* a lo largo de los cien años de vida de este hotel. Winston Churchill lo consideraba un lugar maravilloso y Alfred Hitchcock lo usó como localización para rodar. Presidentes, estrellas de cine, políticos y modistos lo han visitado. Los Rolling Stones pasaron en él unas vacaciones en 1968 y Paul McCartney compuso "Mamunia" en 1973. Ahora sinónimo de Marrakech, este legendario hotel es intrínseco a la historia más glamurosa de la ciudad.

Hoy en día, sus jardines de 8 H constituyen un lugar tranquilo para pasear. Exuberantes y bien mantenidos, albergan muchas aves en s meras, olivos y naranjos, además plantas en flor e interesantes ulturas.

Los no huéspedes pueden asistir feria de arte 1-54, reservar el , comer en uno de sus restauran- y tomar algo en el bar, pero hay ir elegantemente vestido, o no podrá entrar.

:e en DaDa rrakech

GALERÍA DE ARTE

NO: 8 P. 40 **C3**

Da Marrakech *(dadamarra h.com)* es epicentro de arte, gas- nomía, libros y música. Situado Yamaa el Fna, tiene un enorme pacio de galería y abrió a tiempo :a la 1-54 de enero del 2025. Es a creación de Kamal Laftimi, ponsable de los mejores restau- ntes de Marrakech, y fue diseñado r Ann Favier. Arriba está el bar a cantina con un menú fresco ntrado en la parrilla. En la planta ja, **Le Grand Palais** (p. 58) ofre- cocina tradicional marroquí de :egoría en una decorada sala. La rería también está en la planta baja, repleta de hermosos libros de arte de gran formato.

De compras por el zoco Semmarine

DE COMPRAS

PLANO: 9 P. 40 **D2**

El **zoco Semmarine** se extiende al norte desde Yamaa el Fna, serpenteando por la madraza Ben Youssef. Está lleno de diminutas tiendas (y de hordas de compradores), abarrotadas de mercancía que se desborda en la calle. Aquí no hay elegantes tiendas conceptuales y los recuerdos están totalmente orientados a los turistas. Se pueden pasar horas revolviendo entre babuchas, cerámica, caftanes, chilabas, farolas y pantallas de latón. En realidad, gran parte de estos productos se han fabricado en barrios contiguos donde se puede comprar lo mismo a precios más razonables, si se está dispuesto a rebuscar en los zocos.

Lo mejor es visitarlo a primera hora de la mañana para escapar del calor, o por la noche cuando las tiendas de lámparas están hermosamente iluminadas.

JACQUES MAJORELLE EN LA MAMOUNIA

El pintor orientalista Jacques Majorelle supervisó el diseño interior original de La Mamounia, mezclando dos tendencias: artesanía bereber y su apreciado *art déco*. Pintó el techo del comedor, con sus vigas de madera expuestas, con motivos de rombos verdes y amarillos que todavía adorna lo que ahora es el Bar Majorelle, y trabajó en gran parte de la antigua zona de recepción. Empleó a pintores de París y artesanos de su propio estudio en lo que ahora es el **Jardin Majorelle** (p. 122). Volvió a contribuir en la primera reforma del hotel en 1947. Hoy, la Suite Majorelle exhibe un retrato del artista.

SUGERENCIAS

Lo mejor para...

€ Económico €€ Precio medio €€€ Precio alto

Localizaciones en el plano de la p. 40

Comer

Vegetarianos cerca de Yamaa el Fna

Marrakech Henna Art Cafe €
10 D5
Se empieza con un tatuaje de jena y se termina con deliciosos platos vegetarianos, veganos y sin gluten, sencillos como una tortilla bereber, creps de lentejas o cuscús de verduras. También sirven platos de carne y pescado. *marrakechhennaartcafe.com; 11.00-20.30*

Mandala Society €€
11 F5
Fabuloso menú de *brunch* con platos islandeses y marroquíes, y tés de especialidad. Destaca el *bean burner* vegano con cebolla, pepinillo, tomate, ajo, perejil y cilantro, servido con boniato frito. *mandalasociety.co; 9.30-22.30*

La Famille €€
12 F5
Sirven un menú vegetariano de tres platos directo del zoco que cambia cada día, bajo unos limoneros. *lafamillemarrakech.com; 12.00-16.00*

Alta cocina

L'Asiatique en La Mamounia €€€
Véase 7 A6
Uno de los tres restaurantes de La Mamounia (p. 56), con especialidades de Vietnam, Japón, India y China en un entorno exquisito. Se empieza con un cóctel Madrás de remolacha seguido de pato pequín para compartir. Hay que vestir elegante. *mamounia.com; 12.30-15.00 y 19.00-23.00*

Le Grand Palais €€€
Véase 8 C3
El chef Hillali Mbarka, antes en La Mamounia, conjura cocina tradicional marroquí en la palaciega planta baja de esta galería de arte contemporáneo (p. 57 *0666510899; 9.00-23.*

Tradicional marroqu

Le Douar Medina €
13 F6
El restaurante en la azotea del elegante Musée de l'Art Culinai Marocain (p. 55) sirve auténtica cocina marr quí. *moroccancam.co 12.00-16.00*

Puestos de comida de Yamaa el Fna €
14 C3
Un delicioso bol de sabrosa sopa *harira* de puesto nº 75, o un pop pescado y calamares puesto nº 14. En el nº 6 hay patatas hervidas rellenas con huevo du mientras que en el nº 7 el sonriente Si Mohammed sirve *khoudenjal* (té especiado) con pas de jengibre. *Desde 17.0*

Chez Lamine Hadj Mustapha €€
15 D3
El único con mesas en el "callejón del *mechui*" (p. 54), sirve festines de cordero a mediodía, como corde

ro asado y *tanjia* comino, sal, pan y tunas por la noche *staurantchezlamine;)-23.00*

toun Café €€

D3

taurante familiar con níficas vistas desde zotea. Sirven platos roquíes como buenos ayunos, *tanjia* de ne de camello y un ctico menú infantil. *ouncafe.com;)-14.00*

ntine Gazelles €€

E3

ueño local con mesas las en la calle que e platos inusuales, no tayín con ciruelas, aricoques y almen-s, o pollo *tfaya* (dulce lado). *@lacantinedes elles; 12.00-16.00 :00-21.30 ma-do*

evos sabores

ckChich €€

F5

ve platos africanos no la sopa *black mba* (plátano, boniato, he de coco y anacar-), filete de camello rinado en un bollo ro de masa madre y lo *yassa*, pero también pollo *rfissa* y *seffa* bereber. *blackchich.com; 12.00-22.00*

Naranj €€

19 F4

En la adorable terraza de dos niveles de este restaurante de Oriente Próximo se come falafel, *frike* con cordero, y mucho más. *naranj.ma; 12.30-22.30*

Pepe Nero €€€

20 F4

Aquí reina el romanticismo: mesas junto a la piscina en un patio rodeado de naranjos y pasta fresca casera con imaginativas opciones vegetarianas, como los raviolis de apio nabo con salvia y salsa de mantequilla. También hay un menú marroquí. *pepenero-marrakech.com; 7.30-23.30 ma-do*

Pasteles y helados

Oriental Legend €

21 D4

Fantásticos helados ecológicos con todos los sabores habituales y especiales marroquíes: *ras el hanout*, *chebakia* (*pretzel* cubiertos de semillas de sésamo y miel), *amlou* y rosa, y una selección de conos, gofres o tubos. También hay sorbetes de delicioso té de menta, limón y jengibre, mango y canela. *oriental-legend.net; 9.00-23.00*

Pâtisserie des Princes €

22 C5

Una de las pastelerías más famosas de la ciudad. Su helado es uno de los mejores, con sabores marroquíes como dátil, higo y naranja. *patisseriedesprinces.com; 6.00-23.00*

Beber

Cafés con vistas

Argana Café

23 C3

Este clásico café de Yamaa el Fna con vistas a la plaza es ideal para ver el ambiente nocturno y su azotea es un buen lugar para tomar fotos (hay ascensor). Tiene un amplio menú de clásicos marroquíes, con buenos desayunos. *restaurantargana.com; 8.00-23.00*

L'Adresse

24 C3

Gran café con cromados y vidrios, y vistas a la plaza, también con ascensor a la azotea. Sirven excelentes desayunos y otros platos.

groupe-ladresse.com/restaurants/jamaa-el-fna; 7.00-1.00

Café El Koutoubia

25 A4

La terraza en la calle de este antiguo café con encanto y balaustradas de hierro forjado ofrece increíbles vistas del alminar de la Kutubia, al otro lado de la calle. Es popular entre señores mayores ataviados con chilaba y hombres de negocios con traje y algún que otro *hipster,* lo que le da un ambiente auténtico. *10.00-19.00*

Coctelerías

Kabana

26 A3

El bar en la azotea más de moda de Marrakech ofrece vistas a la Kutubia. Muebles *vintage,* materiales naturales y estampados de palmeras dan a la terraza un ambiente bohemio chic. Dentro, hay mesas bajo un bosque de lámparas para los días de lluvia. Sirven buena comida, incluyendo *sushi,* además de cócteles. *kabana-marrakech.com; 11.00-2.00*

La Pergola

27 E4

Oasis urbano repleto de plantas, el bar en la azotea de este *riad* sirve cócteles de autor al son de *jazz* a partir de las 20.00. *Happy hour* de 16.00 a 18-00. Menú de bar disponible. *riad-monceau.com/fr/pergola-rooftop; 12.00-23.00*

Bar Majorelle

28 A6

Este bar de La Mamounia (p. 56) conserva parte de su decoración original de la década de 1920 (incluido el magnífico techo pintado por Jacques Majorelle) y sirve a sus ricos y ostentosos huéspedes caras bebidas. Hay que ir bien vestido. *mamounia.com; 18.00-1.00 sep-jun*

Les Jardins de la Koutoubia

29 B3

Quizá este magnífico hotel necesita desesperadamente una reforma, pero el Sky Bar en la azotea es un refugio secreto con una carta de narguiles. De noche, se puede bajar por las escaleras al local de la medina, que sirve ginebras y tragos más fuertes. *lesjardinsdelakoutoubia.com; 15.00-23.00*

Le Salama Skybar

30 D3

Con vistas de 360° desde los grandes ventanales, ritmos de Oriente Próximo y pla colgando del techo, e un local muy evocado para beber. Ofrece *ha hour* casi todo el día. *lesalamamarrakech.cc 11.00-1.00*

Comprar

Aceites y cosmético marroquíes

Naturom

31 F5

Sus productos de bell de argán, verbena, hig y azahar tienen certific ción 100% ecológica, c esencias puras y aceit esenciales de su propi jardín medicinal. El per nal habla inglés y puec guiar en la elección de la gama, que incluye aceite de higo chumbc *@naturommarrakech; 9.00-20.00*

Jad Bain et Beauté

32 E7

Ha capturado los evoc dores perfumes locale como el azahar, higo, te negro y verde, y los ha vertido en su elegante gama de productos de baño, ambientadores y difusores Le Sens de Marrakech, todos hech en la ciudad. *9.30-20.3*

omatimri

E3

a estupenda tienda rica cosméticos con ntas autóctonas desde 8. Vende aceites 100% ológicos y aceites nciales, como argán go chumbo, todos hermosos envoltorios. *matimri.com/home- 9.00-19.00*

rboristerie daous

C5

s expertos propie- ios, Si Mohammed aïda, venden aceites nciales de calidad, uas florales, aceites getales y cremas una tienda en la lanta de un pequeño itro comercial. Están pecializados en aceites nciales marroquíes. *bo-firdaous.com; 00-20.30 sa-ju*

naje

nnass Concept ore

E6

s paredes de esta osa tienda concep- l están cubiertas de tantes con azafrán, rmeladas locales y eites esenciales en nitos envases, astuta- nte colocados junto eteras, boles y tazas cerámica blancas y negras de KAM Design. *@yannassconceptstore; 10.00-19.00 ma-do*

Wafl Design

36 E7

Audaz, colorido e irónico: las ilustraciones de *pop art* forman parte del arte vanguardista de Marrakech que rompe con los motivos del diseño tradicional. Hay artículos de menaje *kitsch* como latas de sopa Camel's Couscous, e ingeniosas ilustraciones como un cartel que dice "I Survived Medina Motor Bike Racing Championship". *@wafldesign; 10.00-20.00*

Ropa

Akéwa Tribes

37 E6

Importan tejidos con estampado de cera de Gabón, Costa de Marfil, Senegal y Mali para confeccionar lujosa ropa africana contemporánea. Las alegres faldas, trajes entallados y camisetas lucen mucho expuestas en el interior negro de la tienda. *akewa-tribes.com; 10.00-20.30*

Warda La Mouche

38 E4

Quien busque estilo bohemio chic marroquí, aquí encontrará vaporosos vestidos veraniegos con curiosos bordados, camisas frescas con aire post-*hippy* y sofisticados pantalones bombachos, todo hecho a mano. *@wardalamouche; 9.30-20.00*

Les Marrisiennes

39 E6

Los bordados marroquíes son un clásico de esta ropa confeccionada en Marrakech, diseñada en París, que no tiene nada de tradicional: se inspira en iconos marroquíes como las babuchas y los fez, transformados en estampados para faldas vaporosas y camisas anchas. *@les.marrisiennes; 10.30-20.30*

Hanout

40 F6

Uno de sus múltiples puntos de venta de Marrakech, Marruecos y Europa, esta *boutique* ofrece moda de mujer diseñada por Meriem Nour. Hay dos colecciones al año, con una atracción natural por la cultura de la década de 1970 y el *rock*. *hanoutboutique.com; 10.00-19.00*

Sugerencias de lugares para comer, beber y comprar en **p. 76**

Explora
Muasine
y los zocos centrales

Las laberínticas calles al norte desde Yamaa el Fna simbolizan la pugna entre la vieja y la nueva Marrakech. Esta pintoresca zona concentra gran parte de los zocos y *qissariat* (mercados cubiertos). Aquí se puede pasar toda una mañana explorando tiendas de especias por Rahba Kedima y de artesanía en el zoco Haddadine y los *fanadiq* (caravasares) mientras se oye el tañido de los herreros.

En Muasine han aparecido restaurantes en azoteas de inspiración mediterránea que han reavivado las antiguas calles. En esta próspera zona también aguardan magníficas mansiones de la época saadí (s. XVI) y la mezquita de Muasine, hermosamente restaurada.

Cómo desplazarse

La mejor ruta para ir al norte desde Yamaa el Fna es por el zoco Semmarine hasta la place Rahba Kedima y más allá.

Automóvil

No se puede acceder en coche a los zocos. Los accesos más prácticos son Bab Laksour y Dar El Bacha.

A pie

Más allá de las puertas hay que ir a pie. Todo es llano, pero las aceras son de adoquines, desiguales. Es una zona antigua, con calles estrechas y muy concurridas. Cuidado con las motos.

...cha Coffee (p. 73).
...RZEJ LISOWSKI TRAVEL/SHUTTERSTOCK

LO MEJOR

JOYA ARQUITECTÓNICA
Dar El Bacha (p. 69)

PLAZA HISTÓRICA
Place Rahba Kedim (p. 72)

'HAMMAM'
Hammam Mouassine (p. 73)

MUSEO
Musée de la Musique (p. 68)

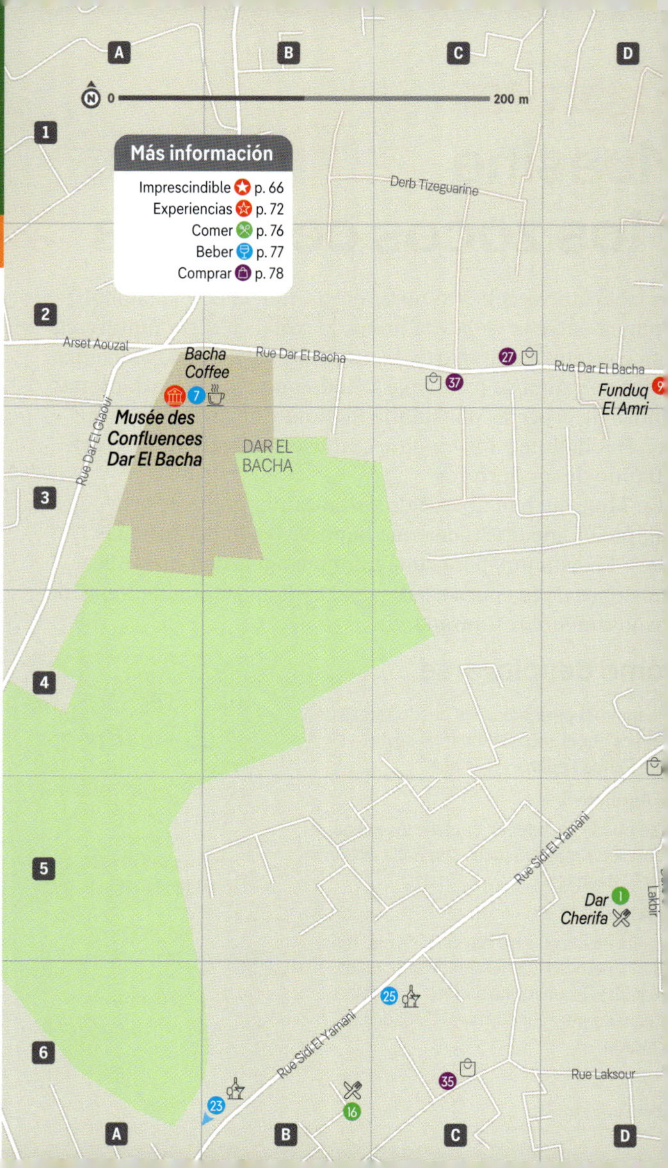
A
B
C
D
1
2
3
4
5
6
0
200 m
Más información
Imprescindible p. 66
Experiencias p. 72
Comer p. 76
Beber p. 77
Comprar p. 78
Derb Tizeguarine
Arset Aouzal
Rue Dar El Bacha
Bacha Coffee
7
Musée des Confluences Dar El Bacha
Rue Dar El Glaoui
DAR EL BACHA
27
37
Funduq El Amri
9
Rue Sidi El Yamani
Dar Cherifa
1
Lakbir
25
23
16
35
Rue Laksour

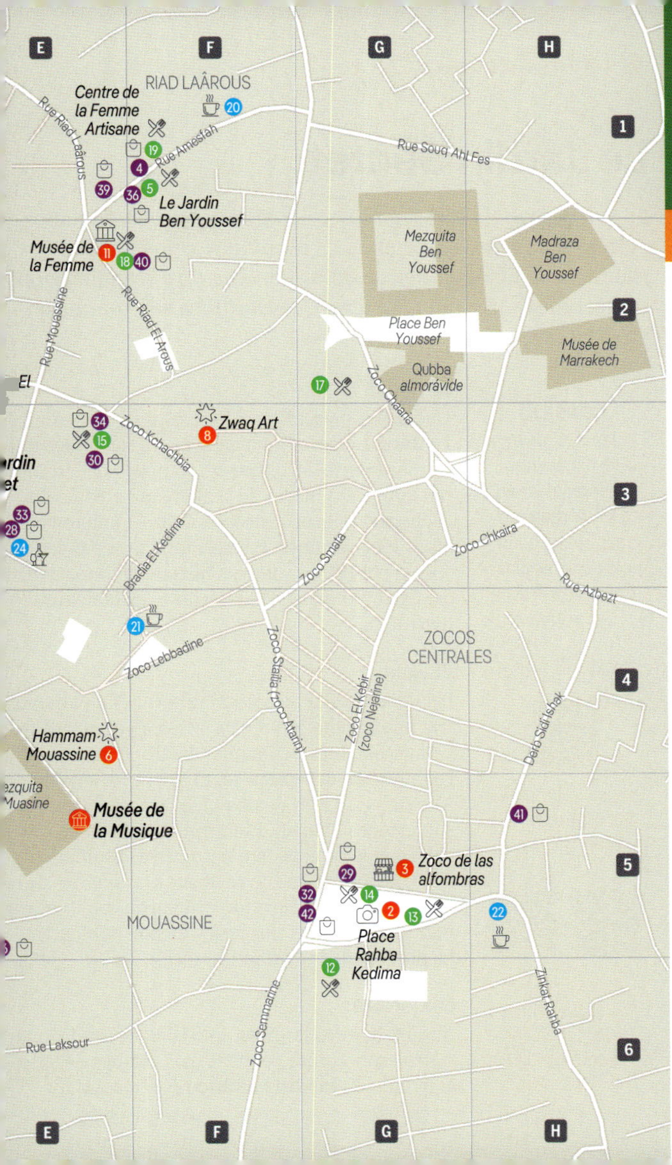
E
F
G
H
1
2
3
4
5
6
RIAD LAÂROUS
Centre de la Femme Artisane
Rue Riad Laârous
Rue Amesfah
Rue Souq Ahl Fes
Le Jardin Ben Youssef
Musée de la Femme
Rue Riad El Arous
Rue Mouassine
Mezquita Ben Youssef
Madraza Ben Youssef
Place Ben Youssef
Musée de Marrakech
Qubba almorávide
Zoco Chaaria
Zwaq Art
Zoco Kchachbia
Bradia El Kedima
Zoco Smata
Zoco Chkaira
Rue Azbezt
Zoco Lebbadine
ZOCOS CENTRALES
Zoco Staila (zoco Atarin)
Zoco El Kebir (zoco Nejarine)
Derb Sidi Ishak
Hammam Mouassine
Musée de la Musique
Zoco de las alfombras
MOUASSINE
Place Rahba Kedima
Zoco Semmarine
Zinkat Rahba
Rue Laksour
1
2
3
4
5
6
8
11
12
13
14
15
17
18
19
20
21
22
24
28
29
30
32
33
34
36
39
40
41
42

★ IMPRESCINDIBLE

Le Jardin Secret

Los cimientos de este *riad* histórico tienen más de 400 años. Pero lo realmente especial no es el edificio, sino el jardín islámico tradicional. Regados por una *khettara* (canalización subterránea) original restaurada, los jardines son un museo vivo del antiguo sistema de aguas.

PLANO P. 64 **E3**

CONSEJO
Hay que prever 1 h o más para explorar el jardín. Es un excelente respiro del bullicio de la medina y el agua refresca en verano.

Escanea este código QR para horarios de apertura y reservas.

Escanea estos códigos QR para vídeos sobre los senderos de agua y la restauración.

El 'riad'

Uno de los palacios más hermosos de la medina, **Le Jardin Secret** data de la época saadí. Resulta extraordinario encontrar un complejo de jardines tan grande en medio de la ajetreada medina. En la época de su construcción, 1850, se unieron dos *riads* y sus jardines. En sus desnudas salas se muestran exposiciones sobre su historia, la importancia del agua y el papel de los jardines en la cultura marroquí.

El agua

Pantallas de alta tecnología utilizan CGI para mostrar hábilmente cómo fluye el agua por el jardín, y un fascinante documental detalla el proceso de restauración del complejo. El agua proviene del Alto Atlas a través de una ingeniosa canalización subterránea llamada *khettara*, todavía en uso. Solo las familias ricas podían permitirse el suministro de agua doméstico en vez de usar las fuentes de la calle, y Le Jardin Secret lo compartía con la cercana mezquita. Canales, piscinas y fuentes son partes intrínsecas de un jardín islámico.

Los jardines

Al salir, hay dos jardines, uno islámico tradicional y otro exótico, más pequeño, con plantas de todo el mundo. El **jardín Islámico** conecta los dos

BALATE.DORIN/SHUTTERSTOCK

lificios del *riad* y está diseñado por estrictas líneas eométricas, con una estructura cuádruple rodeada e pasarelas enlosadas con *bejmat* (ladrillos de rracota) y *zellige* verdes y una serie de canales e agua, piscinas y fuentes. Este diseño, presente n Marruecos desde el s. XII, representa el paraíso está considerado un espacio sagrado. Ciertamente s un lugar pacífico, con el sonido del canto de las ves, olivos y limoneros, césped y plantas en flor, n retiro ideal en la bulliciosa medina.

Desde la torre se obtienen magníficas vistas de medina y las montañas del Atlas. Se requiere una ntrada especial para subir a ella, con un horario specífico de acceso, y los niños deben ser mayores e seis años.

UNA PAUSA
Hay dos cafés, **Café Menzeh,** en la azotea y **Café Sahrij,** en el jardín, que sirven lo mismo: bebidas calientes y frías, ensaladas, paninis, brochetas y quiche. El Café Sahrij tiene licencia para servir cerveza.

★ IMPRESCINDIBLE

Musée de la Musique

Es el sitio ideal para conocer la música clásica marroquí. El **Museo de la Música** *(adultos/niños 60 MAD/gratis),* también llamado Musée de Mouassine, organiza conciertos tres noches por semana. Es un ejemplo deslumbrante de la exquisita decoración doméstica saadí.

PLANO P. 64 **E5**

CONSEJO
Si se asiste a un concierto, es mejor visitar el museo al final de la tarde para coincidir con el inicio del concierto a las 19.00.

Escanea este código QR para reservas.

Un hallazgo sorprendente

Cuando buscaba casa en la medina, el parisino Patrick Menac'h se topó con un tesoro histórico de gran importancia cultural. Bajo las capas de yeso planta de un modesto *riad* se escondía una joy de la arquitectura doméstica saadí de la década de 1560, que decidió restaurar.

Hay que imaginarse la alegría de los antiguos huéspedes, agotados por el viaje, al entrar en el salón principal con su sinfonía de colores: tonos cardenillo y albaricoque cubren las paredes creand un jardín vertical, y los dormitorios están decorados con caligrafía cúfica esculpida, enmarcada en azul celeste y ribeteada con un hermoso tono rojo. Parece que los vívidos colores actuales sean obra del equipo de restauración de 24 personas, pero asombrosamente son los originales, gracias a que su intensidad se conservó bajo capas de yeso durante siglos.

Conciertos

Las salas de la planta baja albergan una pequeña colección de objetos bereberes (amazig), instrument musicales y exposiciones temporales de fotografía, los conciertos se celebran en los acogedores salones de la 1ª planta: música andaluza los lunes, amazig los miércoles y gnaua los viernes. Se reserva en línea; las entradas incluyen acceso a la **Maison de la Photographie** (p. 87). En la azotea hay un pequeño café.

' IMPRESCINDIBLE

lusée des Confluences)ar El Bacha

ar El Bacha *(fnm.ma; adultos/niños 60/15 MAD)* no es solo ι espléndido ejemplo de la arquitectura marroquí tradicional, ιo también un fascinante museo. Se pueden recorrer los salones :l patio en 1 h, algo más si se visita la tentadora cafetería.

,NO P. 64 **A2**

palacio

nstruida en 1910, la "casa del pachá" ha sufrido una rmosa restauración y es uno de los mejores ejem- ›s de la arquitectura de *riad* de la medina. Unos co- :dores rodean el patio central, con naranjos, flores uentes, y columnas cubiertas de *zellige* coronadas n yeso tallado y dinteles de cedro. Los seis salones e rodean el jardín albergan exposiciones de las ⁄ersas facetas de la cultura marroquí: cerámica, 'ería, latón y artículos de las tres fes monoteístas. En los edificios exteriores hay un *hammam* tradi- ›nal, un apartamento para los sirvientes del palacio, ιa biblioteca y el harem de la familia del pachá.

CONSEJO
Si se planea hacer una pausa en el concurrido **Bacha Coffee** (p. 73), conviene reservar al entrar en el museo para tenerla lista al terminar la visita.

pachá

ıtre todo este lujo vivía el señor de la guerra ırroquí Thami El Glaoui, extraordinariamente :o. Pachá de Marrakech (1912-1956), era oriundo la localidad de Telouet, en las montañas del to Atlas, sede la cabila de los Glaousa, una de ; más influyentes del sur de Marruecos. Uno de los ›mbres más ricos del mundo y amante de la buena la, construyó esta magnífica residencia y el Palais aoui en Fez. Colaboracionista con los franceses, ando se proclamó la independencia en 1956, su milia cayó en desgracia. La historia se explica *Lords of the Atlas* de Gavin Maxwell.

Escanea este código QR para ver un vídeo del museo y las colecciones.

CIRCUITO A PIE

Paseo por Muasine y los zocos centrales

El corazón de Marrakech es un batiburrillo de compras, ventas, regateos y vida callejera: alfombras, cerámica, lámpara brillantes... También hay herreros ocupados en su oficio, diminutas boticas de remedios de hierbas y pequeñas carnicerías y puestos de verduras frecuentados por vecinos.

INICIO	FINAL	DURACIÓN
Mezquita de Muasine	Rahba Kedima	1 km; 1 h

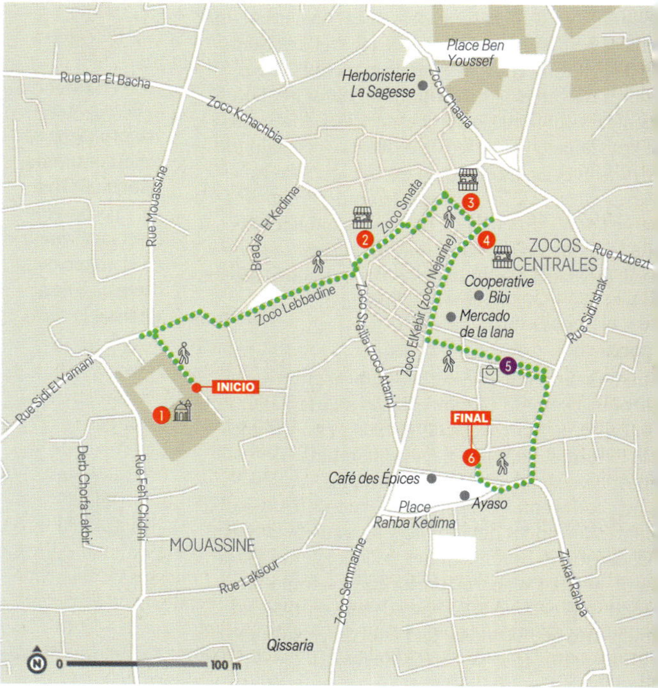

1 Explosión de color

: empieza en la **mezquita de** **Iuasine** y se camina unos 50 m este pasando el *hammam* de luasine, por Rue Sidi El Yamani, guiendo la sinuosa calle, reple- de zocos. El primero es el zoco : los tintoreros, con madejas de na teñida colgadas para secar 1 cañas de bambú.

2 Farolillos y lámparas

nos 200 m más allá se pasa la erboristerie des Teinturiers, una enda de hierbas y especias. En el guiente cruce, se gira la izquierda luego a la derecha: es el inicio del **oco El Attarine,** donde venden bjetos de latón y cobre, desde andelabros a jaulas, bañeras jofainas, y lámpara de metal erforado.

3 Zocos cubiertos

n el siguiente cruce, comienzan s tiendas que venden artículos de iel. Es el inicio del **zoco Cherra-** **in** y el **zoco Smata,** los *qissariat,* zocos cubiertos. Hay más por s calles al norte, con las paredes ubiertas de coloridas babuchas. n el cruce, se gira a la derecha se continúa recto unos 120 m asta llegar a un cruce triple.

4 Herreros en acción

ras girar a la izquierda aparece nmediatamente el **zoco Chkairia,** on unos pocos artesanos que toda- ía confeccionan sillas de montar bridas para bodas y *tbourida,* la arga de caballería que se ve en las *moussems* (fiestas) de pueblo. A la derecha está el **zoco Hadda-** **dine,** lleno de atareados talleres donde el sonido de los martillos de los herreros marca un *staccato* de fondo. Aquí hay soldadores y mecánicos junto a artesanos que crean artículos decorativos.

5 Lana y alfombras

Se retrocede hasta el cruce triple y se gira a la izquierda, pasando por varias tiendas de ropa y piel. Allí cerca está el antiguo zoco de la lana, el zoco Souafine, aunque hoy en día vende mayormente recuerdos. Sin embargo, el gran **mercado de la lana** está a la izquierda, así como varias tiendas de alfombras, como la Cooperative Bibi que vende excelentes tapetes. Se gira a la izquierda por el **zoco** **Souafine,** explorando las calles a izquierda y derecha. Al final, se tuerce a la derecha por Rue Sidi Ishak.

6 Especias y hierbas

Se sigue luego Rue Sidi Ishak unos 100 m hasta girar por Rahba Kedima (p. 72). A la derecha está el **zoco de las alfombras** (p. 72), antiguamente un mercado de esclavos, donde ahora se celebra cada día (excepto vi) una subasta de alfombras tras la oración de la tarde. La hermosa Place Rahba Kedima está llena de puestos de cestas, muchos mercaderes de especias y algunas *boutiques* elegantes. Se pueden recobrar fuerzas en Ayaso (p. 76) o Café des Épices (p. 76).

EXPERIENCIAS

Maravillarse ante la maestría de Dar Cherifa

ARQUITECTURA

PLANO: 1 P. 64 **D5**

Los saadíes realmente sabían construir las casas más hermosas sin renunciar ni un ápice al confort y al lujo, ni olvidar la hospitalidad para con sus posibles huéspedes. **Dar Cherifa** *(marrakech-riads.com/en/restaurant-dar-cherifa; @darcherifaoffical)* es un ejemplo de la arquitectura del s. XVII que predomina en este barrio.

Es un *dar*, una casa tradicional, más que un *riad* (que tiene un jardín en el patio central). Fue restaurado por Abdellatif Aït Ben Abdallah, cuya pasión por el patrimonio de Marrakech le llevó a restaurar varios *riads* de la medina, como el que ahora ocupa el salón de té **1112 Marrakech** (p. 91).

Hoy, Dar Cherifa es un *café littéraire*, o centro cultural y restaurante. Alberga exposiciones internacionales y nacionales, así como seminarios y conciertos. Se puede consultar la programación en su página de Instagram.

Fiel a la función original de las casas tradicionales de la medina, es un oasis de paz, que ofrece sosiego ante la frenética actividad de los zocos que la rodean. La azotea es un lugar ideal para un té por la tarde. El restaurante del patio sirve cocina tradicional marroquí combinada con platos bereberes, andalusíes y judíos.

Explorar Rahba Kedima

MERCA

En torno a la animada **Place Rahba Kedima** (PLANO: 2 P. 64 **G5**) o Place des Épices en francés (plaza de las especias), de forma triangular, evidentemente hay varias *herboristeries*. Los marroquíe frecuentan los puestos de especia tanto en busca de remedios naturales para curar sus males como e pecias para dar sabor a sus platos Algunos diseñadores locales con estilo también tienen tiendas aqu

Hay dos cafés con vistas a la plaza ideales para tomar fotos. **Café des Épices** (p. 76) es una buena opción para un té o zumo, mientras que **Ayaso** (p. 76) sirve comida ecológica saludable. En el centro de la bulliciosa plaza hay puestos de cestas y sombreros. En el extremo norte está el **zoco de las alfombras** (PLANO: 3 P. 64 **G5** antaño un mercado de esclavos. Es interesante ver la subasta diaria (excepto vi) de alfombras al por mayor que se celebra tras la oración de la tarde, hacia las 16.00-17.00.

Comprar artesanía de mujeres en el Centre de la Femme Artisane

ARTESAN

Varias cooperativas de artesanía de mujeres se unieron para forma el **Centre de la Femme Artisane** (PLANO: 4 P. 64 **F1**), una antigua escue que es un excelente escaparate para sus obras. Hay que seguir el frondoso sendero hasta el complej

ELEGIR UN 'HAMMAM'

...os **baños públicos** originales, en general con horarios separados para hombres ... mujeres, son la opción más económica. Hay que llevar una manopla exfoliante, ...abón, una toalla y una muda de ropa interior y se puede contratar a un asistente por un poco más. Algunos están más enfocados a turistas y lo proporcionan ...todo. Algunos **'riads'** tienen su propio *hammam*, a menudo solo con capacidad para una pareja. También ofrecen masajes. Hay que reservar con antelación. Los **hoteles de lujo** suelen tener un *spa* completo y ofrecen los tratamientos típicos, con varios tipos de masajes, faciales y depilación. Hay que reservar.

...onde tienen representación todas ...s artes en distintas salas de ex...osición: chilabas y otras prendas, ...lfombras, cestas y lámparas, joye...a, piel y cerámica. Los precios son ...uy razonables, pero fijos.

Tras las compras, no hay que ir ...uy lejos para comer. En el patio ...eno de plantas, el restaurante **...e Jardin Ben Youssef** (PLANO: 5 ...64 **F1**; *0661550425*), sirve platos ...arroquíes y comida rápida.

...searse en el Hammam ...ouassine

'HAMMAM'

...LANO: 6 P. 64 **E4**

...enuino *hammam* público que ...ambién recibe a viajeros en busca ...e una experiencia auténtica. ...ctivo desde 1562 y magnífica...ente restaurado, el **Hammam ...ouassine** (*hammammouassine. ...na)* tiene un personal encanta...dor y profesional que ofrece a ...us clientes masaje y exfoliación *(...gommage)* con la famosa manopla ...arroquí *kessa (170 MAD).*

Es uno de los pocos *hammams* ...úblicos con recepcionistas que hablan inglés, y que entregan al visitante una bolsa para sus pertenencias y una manopla desechable para el *hammam*. Los hombres entran por el arco señalado en el lado oeste. La entrada para mujeres está en el callejón Derb El Hammam, en el lado este (en la misma calle del Musée de la Musique).

Se puede elegir entre un *hammam* tradicional *(170 MAD)* o uno relajante *(220 MAD)* y masaje con aceite de argán ecológico *(30/40/60 min 170/220/270 MAD)* o con aceites esenciales *(30/40/60 min 120/170/220 MAD).*

Reservas en la web o por WhatsApp.

Degustar buen café en Bacha Coffee

CAFETERÍA

PLANO: 7 P. 64 **A2**

El suntuoso **Bacha Coffee** *(bacha coffee.com)*, en el Musée des Confluences (p. 69) rezuma elegancia. Es inevitable enamorarse del suelo en damero blanco y negro, la decoración con celosías, las palmeras en macetas y el personal con fez rojo.

Sirven una selección de 200 cafés puro arábica en una generosa taza con crema chantilly, azúcar de roca y una semilla de vainilla. Ofrecen desayunos, almuerzos o tés de la tarde *gourmet*.

Si se combina la visita al museo con este bullicioso café, conviene reservar al entrar en el museo, para asegurarse una mesa al salir.

Confeccionar un recuerdo en Zwaq Art

CURSO DE ARTESANÍA

PLANO: 8 P. 64 F3

Si uno ha quedado prendando de la madera pintada tradicional de Dar El Bacha o el palacio Bahia, una técnica conocida como *zouak*, existe la posibilidad de intentar reproducirlo mientras se pasa una deliciosa mañana en torno a un banco de trabajo común en el magníficamente restaurado Funduq Moulay Boubkar, en el zoco Jeld, el antiguo zoco de las pieles. Aquí, Abdelhaq Doulaki, de **Zwaq Art** *(@zwaq_art; 0681003499)*, enseña a pintar una bandeja, una baldosa, un marco de espejo o una mano de Fátima con estarcido. Después se barniza y se puede recoger más tarde el mismo día.

Zwaq Art también ofrece otros cursos de artesanía, como confeccionar una cartera de piel o fabricar una baldosa de *zellige*. Los cursos duran un mínimo 2½ h y cuestan desde 320 MAD, con delantal incluido. Se reserva en Instagram.

Un vistazo a los antiguos caravasares

ARQUITECTURA

En Rue Dar El Bacha hay dos interesantes *fanadiq* juntos. El **Funduq El Amri** (PLANO: 9 P. 64 D2), bien conservado, antaño acogía a mercaderes que comerciaban

LA FUNDACIÓN DE MARRAKECH

La cabila bereber (amazig) Sanhaya dio origen a la dinastía almorávide en el s. XI, que se extendió por todo el sur de Marruecos. Establecieron su base en una desolada franja de tierra que se convertiría en Marrakech. Su líder, Yusef Ben Tachfine, reconoció su potencial estratégico y construyó murallas alrededor del campamento en el año 1062, creando luego los *khettara* (canales de riego subterráneos) de la ciudad y la característica arquitectura de ladrillos de adobe rosa. Ben Tachfine lanzó exitosas campañas militares para garantizar el control almorávide del resto de Marruecos y, posteriormente, de la España bajo dominio musulmán. Marrakech se convirtió en el centro operativo de un imperio que se extendía hasta Zaragoza, en el noreste peninsular.

ALOJAMIENTO EN CARAVASARES

Antes, había *fanadiq* (caravasares, plural de *funduq*) en todas las ciudades importantes de las rutas de las caravanas del Sáhara hacia Marruecos. Desde la época medieval, estos complejos disponían de establos en la planta baja y talleres, y alquilaban habitaciones a los comerciantes del desierto y los mercaderes en la planta superior. De este flujo de artesanos y aventureros surgió la creativa cultura del Marrakech moderno. Sin embargo, cuando las comunidades de comerciantes se volvieron más estables y prósperas, muchos *fanadiq* fueron gradualmente reemplazados por casas privadas y tiendas. Quedan unos 140 *fanadiq* en la medina, la mayoría, ahora restaurados, albergan artesanos y tiendas.

on azúcar y té. Hoy, las salas del atio están repletas de pequeñas iendas que venden especias, cos-méticos y aceite de argán. Destaca specialmente por la decoración eométrica roja y ocre de rombos, exágonos y estrellas que bordean os arcos de piedra internos.

Algunos *fanadiq* de Marrakech levan el nombre de las activida-des que se realizaban en ellos, como el **Funduq El Mizen** PLANO: 10 P. 64 **E2**). *Mizen* significa báscula en árabe, y aquí es donde los comerciantes acudían a pesar los productos que vendían. Ahora está ocupado por pequeños talleres de artesanos, pero aún se pueden ver un montón de básculas de metal oxidadas.

Conocer el papel de la mujer marroquí en el Musée de la Femme

MUSEO

PLANO: 11 P. 64 **E2**

Distribuido en las tres plantas de una casa tradicional al norte de Le Jardin Secret, el **Musée de la Femme** *(Museo de la Mujer; @womensmuseummarrakech; 30 MAD)* merece una visita de 30 min. Fundado en el 2018 por un grupo de residentes que querían destacar el papel de la mujer en la sociedad marroquí, el museo se reinventa totalmente con una exposición cada seis meses; los últimos temas abordados han sido las modernas mujeres pioneras y las modas tribales y su influencia en el diseño mundial.

SUGERENCIAS

Lo mejor para...

€ Económico   €€ Precio medio   €€€ Precio alto

Localizaciones en el plano de la **p. 64**

Comer

Restaurantes de moda

Nomad €€€
12 G6
Su azotea de varios niveles es una de las más concurridas, sobre todo de noche. Su breve carta añade toques contemporáneos a ingredientes y sabores del norte de África para crear platos como los calamares de Agadir en salsa de anchoa con comino. Los platos vegetarianos y veganos son excelentes. *nomadmarrakech.com; 11.00-23.00*

Ayaso €€
13 G5
Restaurante luminoso y moderno con una terraza sobre Rahba Kedima. Se puede desayunar *bissara* (sopa de habas y ajo), o comer ensaladas ecológicas con espirulina y brotes. Ofrecen clásicos marroquís e internacionales como el curri de pollo con *naan* y ensalada. *@ayaso.ma; 10.00-22.00*

Café des Epices €
14 G5
Una institución entre los viajeros, con una amplia fachada abierta y paredes rojo oscuro, en una posición privilegiada en Rahba Kedima. Se puede probar un tayín de albóndigas de sardina o *kefta* (albóndigas) y beber un zumo de frutas recién hecho. La terraza en la azotea ofrece fantásticas vistas. *cafedesepices.ma; 9.00-23.00*

Terrasse des Epices €€€
15 E3
Esta azotea ofrece un ambiente mediterráneo donde la gente guapa se reúne en reservados con música tranquila y una breve carta de platos marroquíes o internacionales como lubina con *risotto* de azafrán. Sirven alcohol. *terrassedesepices.com; 12.00-17.00 y 18.30-23.30*

Tradicional marroquí

Ksar Essaoussane
€€€
16 B6
Hay que seguir al criado vestido de rojo desde Rue Sidi El Yamani para encontrar este gran *riad* de la era saadí de varias plantas. Es un restaurante palaciego con buenos menús fijos de tres precios: 350/450/550 MAD. Sirve alcohol. *essaoussane.com; 19.30-24.00 lu-sa*

Dar Cherifa €€€
Véase 1 D5
Hay que llamar al timbre para poder acceder a este sereno *riad* saadí del s. XVI. Ofrecen varios platos marroquíes interesantes que no se ven en otros lugares, con un fantástico ambiente amenizado con *jazz*. *marrakech-riads.com/restaurant-dar-cherifa; 10.00-23.00 ju-ma, hasta 19.00 mi*

Puesto de comida de Ben Youssef €
17 G2
Escondidos en el laberinto de *qissariat*,

stos puestos sirven
ochetas, tayines, cara-
oles y guiso de cabeza
e cordero. Hay que
scoger lo que parezca
ás fresco y ¡a comer!
.30-15.30

abores
odernos

e Jardin €€€

8 E2

n almuerzo bajo un
oldo de bananos con
l canto de los pájaros,
nientras diminutas
ortugas se pasean por
l suelo de baldosas.
l enfoque moderno de
a carta brilla en platos
omo el pulpo de Agadir
on salsa romesco y
l filete de pescado en
alsa de limón encurtido.
ejardinmarrakech.com;
0.00-23.00

Soul Food €€

19 F1

Situado sobre la gran
tienda conceptual
Different. (p. 79),
este restaurante tiene
asientos de estilo
marroquí en el interior,
y una gran terraza en
la azotea con buenas
vistas a la medina. Sirven
comida marroquí clásica,
además de *pizzas* y pasta
para satisfacer a todo el
mundo. *soulfoodmedina.*
com; 10.30-23.00

Beber

Cafés

Atay Cafe

20 F1

Esta adorable azotea respira un sorprendente ambiente mediterráneo, decorada con toldos de ratán y muebles de caña blanca, aunque la música es decididamente africana. Ideal para disfrutar con un zumo recién hecho o un desayuno, o probar sus sabrosos tayines. *0661344246; 10.00-22.00*

Terrasse des Teinturiers

21 F4

Escaleras arriba aguarda un oasis en una azotea lejos del frenético ajetreo, con coloridas madejas de lana colgadas de la pagoda. Ofrece un té de menta muy refrescante, zumo frío y café, además de comida. *0524391252; 10.00-21.00*

Café Chez Maazouz

22 H5

Lugar tranquilo con café correcto, fantástico té y zumos recién hechos, idealmente situado para descansar tras las compras. Arriba ofrece buenas vistas de Place Rahba Kedima y abajo, sombra en la parte delantera. *0661514211; 10.30-21.00*

Coctelerías

El Fenn

23 B6

El mejor lugar para ver la mezquita Kutubia iluminada de noche es este modernísimo bar de azotea. Elaboran los mejores cócteles de la medina y sesiones relajadas de DJ. Ideal para una velada con martinis bajo tiendas bereberes (amazig) llenas de cojines. *el-fenn.com; 12.30-23.00*

Café Arabe

24 E3

El viajero puede regocijarse de sus compras en el zoco mientras toma un cóctel en la azotea de este bar-restaurante popular entre artistas, diseñadores y residentes internacionales. La azotea está dividida en dos secciones, una reservada para cenas (cocina italiana y marroquí) y la otra para copas. *cafearabe.com; 10.00-23.00*

Bazaar Café

25 C6

La azotea ofrece magníficas vistas de las montañas del Atlas y relajación con vino o cerveza y algunos tentempiés estilo tapas. Es un local íntimo con un ambiente relajado. *bazaar cafe.ma; 11.00-23.00*

Comprar

Artículos de menaje

Puesto de cerámica de Tamegroute
26 E5
Reconocible por sus vivos esmaltes verdes o mostaza, esta cerámica proviene de un pueblo del sur de Marruecos. Su prestigio se debe a su presencia en tiendas de alta gama del extranjero. Este puesto tiene una buena selección. *tamegrouteceramic.com; 10.00-21.00*

Corinne Bensimon Maison
27 C2
En esta exquisita *boutique* venden objetos de diseño, como cerámica y tejidos. Hay una sucursal más grande en Sidi Ghanem, pero esta, en la medina, es práctica. *@corinne_bensimon; 10.00-19.00*

Bibi Art
28 E3
Los propietarios compran la lana y trabajan con mujeres de las montañas del Atlas para elaborar alfombras de calidad. Hay docenas de técnicas y estilos diferentes, todas magníficamente hechas a mano en telares tradicionales y bordados. *0661882906; 9.30-18.30*

Soufiane Zarib
29 G5
Diminuta sucursal de esta espléndida tienda de alfombras y artículos de menaje en Rahba Kedima. Es suficientemente grande para ofrecer una buena selección de cojines y ropa magníficamente confeccionada. La sucursal principal está en Rue Riad Laârous (p. 117). *soufiane-zarib.com; 10.00-19.00*

Aceites y cosméticos

Arganino
30 E3
Vende sedosas cremas hidratantes y agradables exfoliantes procedentes de una granja de argán cerca de Agadir, además de aceite de argán de alta calidad, *amlou* (mantequilla de nuez de argán), velas y jabón natural para *hammam* a base de argán en un ingenioso envase de piel. *arganino.ma; 10.00-20.00*

Assouss Argane
31 D4
Sucursal en Marrakech de una cooperativa de argán ecológico certificado cerca de Esauira. El personal ofrece muestras gratis de *amlou* y explica cómo se fabrica su emoliente aceite de higo chumbo y sus aceites especiados *gourmet*. *@assouss.argane; 9.00-19.00*

L'Art du Bain Savonnerie Artisanale
32 G5
Jabones biodegradables, de aceite de oliva puro con los aromas de Marrakech: miel, azahar, jazmín, eucalipto e incluso una versión de leche con manzanilla para niños, además de exfoliantes y *ghassoul* (arcilla) para el *hammam*. *artdubain.fr; 9.30-18.30*

Arte y artesanía

Moroccan Botanist
33 E3
Maravillosa tienda de tés con sabores interesantes, como Gardens of Marrakech con verbena, menta, jengibre y regaliz. Los tés se venden en bolsas o en hermosas cajas de regalo. *themoroccanbotanist.net; 10.30-13.00 y 15.00-19.00*

Zoco Cherifia
34 E3
Los diseñadores locales se congregan en la primera planta de este antiguo *funduq*. Venden

cesorios de arpillera
: Khmissa, vistosas
ıbuchas de Tilila y
oductos de aceite de
gán de calidad superior
: Arganino. *10.00-19.00*

**entre de la
emme Artisane**

ıase 4 F1

ran complejo con varios
uestos de artesanía
echa exclusivamente
or mujeres: ropa,
ordados, piel, cerámica,
ejidos y alfombras,
ispuestos en torno a
n frondoso patio que
lberga el café Le Jardin
en Youssef (p. 73).
).00-18.00

l Nour

35 C6

legante cooperativa diri-
ida por mujeres locales
on discapacidad física
ue vende fabulosa ropa
lel hogar neutra, prendas
ordadas para toda la
amilia y accesorios de
calidad. *alnour-textiles.
com; 9.30-14.00 y
15.00-19.30*

Tiendas conceptuales

Different.

36 F1

Gigantesco templo del diseño contemporáneo marroquí. En un lado hay joyas extravagantes, cerámica de vivos colores, carteles y camisetas con mensajes atrevidos, y en el otro se exhiben llamativos caftanes y chaquetas profusamente adornadas. *thedifferentconcept.com; 10.00-19.00*

Moul l7anout

37 C2

Ropa, arte y *objets* del fotógrafo más célebre de Marruecos, Hassan Hajjaj, llenan este luminoso y colorido bazar. La marca es Andy Wahloo, que significa "No tengo nada" en darija y es un juego de palabras con Andy Warhol. *0610697890; 9.00-19.30*

Funky Cool Medina

38 D4

La tienda ideal para encontrar moda exclusiva. Tienen de todo: ropa pintada a mano, bordada y *vintage* (también en Funky Fahd). *@funkyfahd; 9.00-20.00 sa-ju*

Moda

Sarah Maj

39 E1

Es habitual encontrar a la propia Sarah Maj en su *boutique* de la medina. Esta diseñadora italo-marroquí ofrece un estilo contemporáneo que combina materiales italianos con diseño marroquí; sus vestidos camiseros son especialmente hermosos. *sarahmaj.shop/en; 10.00-14.00 y 15.00-19.00*

Norya Ayron

40 F2

Una *bijou boutique* dentro de Le Jardin, con caftanes contemporáneos, muchos de seda con vistosos estampados. Bolsas de suave piel y ante, carteras de mano *kitsch* y una selección de joyas permiten acicalarse totalmente con adornos bohemios. *norya-ayron.com; 11.00-18.00*

Shtatto

41 H5

Agrupa en un solo lugar algunas de las marcas contemporáneas más de moda de Marrakech. En el café de la azotea sirven zumos, cafés y tayines. *@shtattomarrakech; 9.00-23.00*

Sissi Morocco

42 G5

Antiguos fotos sepia de mujeres bereberes decoran almohadas, bolsas de tela, monederos y camisetas con estampados y bordados hechos a mano. Los resultados son asombrosos y la calidad, superior. *sissimorocco.com; 11.00-18.00*

Sugerencias de lugares para comer, beber y comprar en **p. 92**

:xplora
‹âat Ben Nahid
Bab Debagh

ıto a Muasine, Kâat Ben Nahid es el corazón de la medina tigua, con un laberinto de callejones apiñados que esconden *:ds* del s. XVII. Aquí se encuentra el Musée de Marrakech, mezquita Ben Youssef y su magnífica madraza, una de las .s importantes de la ciudad, y la más antigua, de 1132. nbién hay museos, como la Maison de la Photographie, ı fotos antiguas de Marrakech.

Más al este, se despliega la vida cotidiana del barrio: estos de ropa junto a otros de naranjas, carnicerías equeños restaurantes. Más al este, se secan pieles las tenerías de Bab Debagh.

ómo desplazarse

A pie

arrio está unos 10 min al este desde El Bacha o al norte por los zocos desde ıaa el Fna. La primera ruta es más segura la noche.

:s todo llano, pero como siempre, hay ado- ıes y hay que estar atento a las molestas os. Ave Bab Debbagh es ancha, pero calles en torno a la mezquita Ben Youssef más estrechas y concurridas.

Taxi

que preguntar por Place El Moukef para Kâat Ben Nahid, o Bab Debagh para las ɪrías.

ba' almorávide (p. 86)

ISE AT RISK/SHUTTERSTOCK

★

LO MEJOR

JOYA ARQUITECTÓNICA
Madraza Ben Youssef (p. 84)

MUSEO
Maison de la Photographie (p. 87)

SALÓN DE TÉ
1112 Marrakech (p. 91)

RESTAURANTE DE AZOTEA
Le Trou au Mur (p. 92)

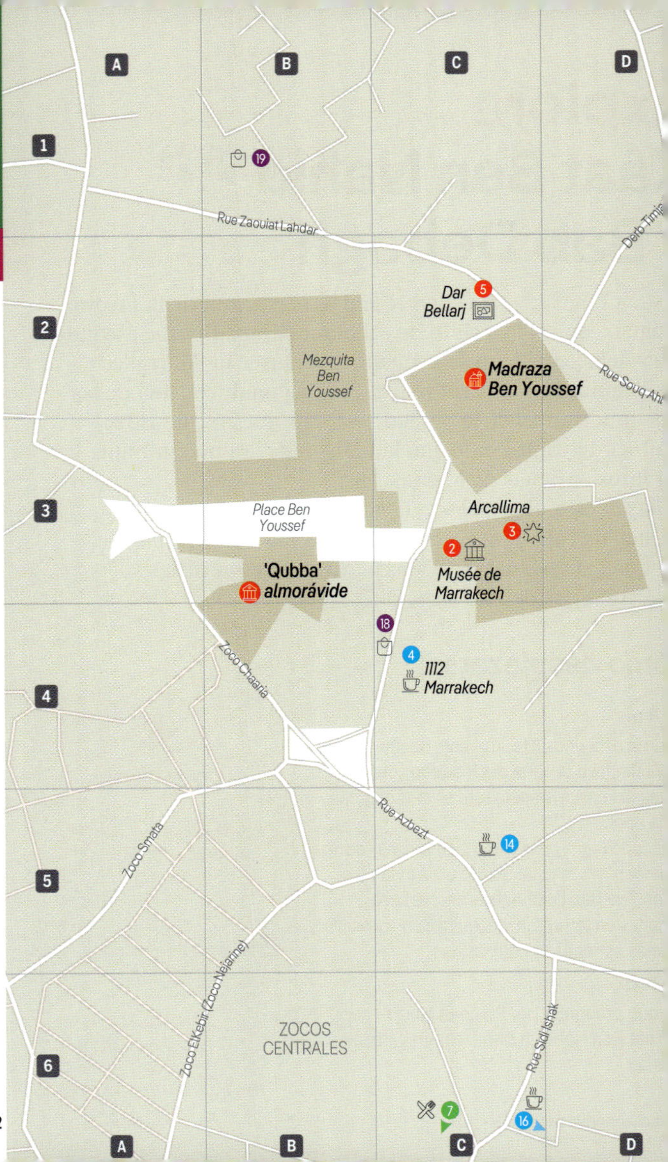
A
B
C
D
1
2
3
4
5
6
19
Rue Zaouiat Lahdar
Derb Timja
5
Dar Bellarj
Mezquita Ben Youssef
Madraza Ben Youssef
Rue Souq Ahl
Place Ben Youssef
Arcallima
3
2
Musée de Marrakech
'Qubba' almorávide
18
4
1112 Marrakech
Zoco Chaaria
Rue Azbezt
14
Zoco Smata
Zoco Elkebir (Zoco Nejarine)
ZOCOS CENTRALES
Rue Sidi Ishak
7
16
A
B
C
D

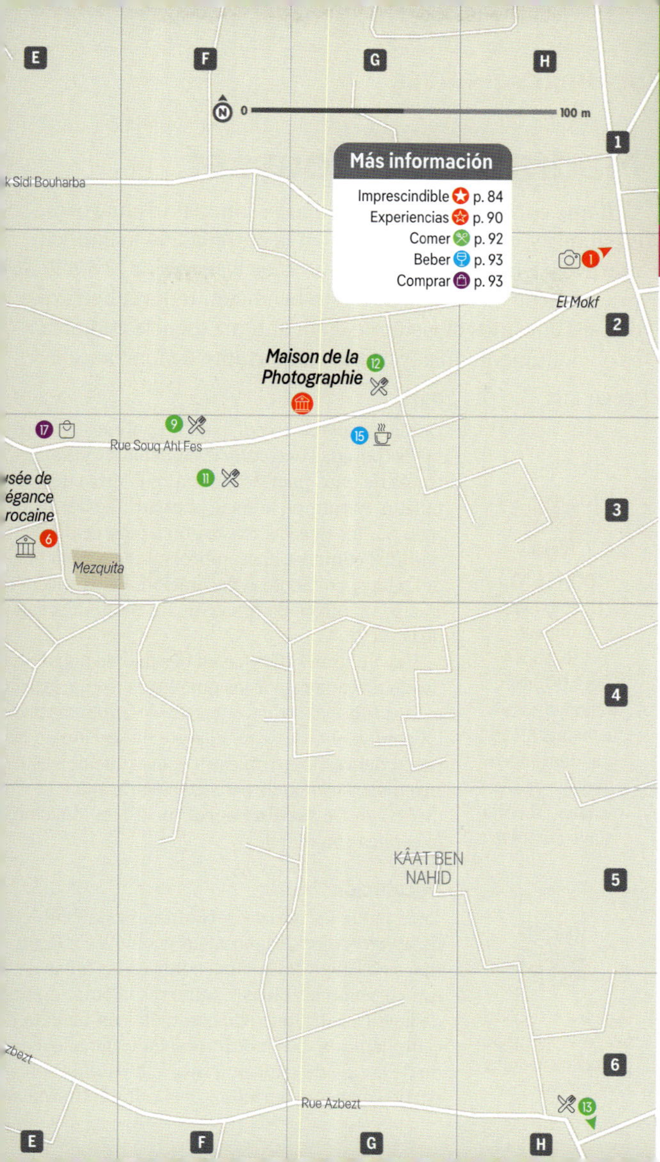

E
F
G
H
0
100 m
Más información
Imprescindible p. 84
Experiencias p. 90
Comer p. 92
Beber p. 93
Comprar p. 93
1
2
3
4
5
6
k Sidi Bouharba
El Mokf
Maison de la Photographie
12
9
17
15
11
1
6
13
Rue Souq Ahl Fes
usée de égance rocaine
Mezquita
KÂAT BEN NAHID
zbezt
Rue Azbezt

★ IMPRESCINDIBLE

Madraza Ben Youssef

"A ti que entras por mi puerta, que se superen tus mayores esperanzas" reza la inscripción en la entrada a la magnífica **madraza Ben Youssef** *(adultos/niños menores de 12 50/10 MA* y después de casi seis siglos, esta bendición todavía hechiza con sus encantos al visitante. Esta antigua escuela coránica es el monumento histórico más importante de Marrakech.

PLANO P. 82 **C2**

CONSEJO
Cuanto más pronto se visite (abre a las 9.00), más tranquila estará la madraza. Los grandes grupos llegan a media mañana. La visita suele durar 1 h.

Escanea este código QR para información sobre la madraza y su restauración.

Patio

Desde la calle se accede bajo un porche de mocárabes (bóvedas decorativas en panal de yeso), y a través de unas puertas macizas cubiertas de bron tallado. Al salir de la relativa oscuridad del vestíbulo por las puertas *mashrabiya* (con celosías), es difícil contener el asombro ante la serena belle del patio y su fabulosa decoración. Este espacio d 15 x 20 m, ofrece desahogo de las diminutas calle de la medina.

Hay un gran estanque en el suelo de mármol, r deado de canales por los que fluye el agua, gracia a unas tuberías a diferentes niveles, que también alimentan el *hammam*. El corte de sección en la pared del vestíbulo muestra cómo funciona este ingenioso sistema de canalización de agua. El víd de CGI en **Le Jardin Secret** (p. 66) en Muasine, lo explica con detalle.

Decoración

En el patio, las paredes y columnas están cubiert de *zellige* (coloridos mosaicos geométricos), con frisos de caligrafía encima e intricadas tallas de estuco, como las piñas y palmeras talladas en yes de la era saadí. Todo ello coronado con madera d cedro labrada. Los mocárabes del techo abovedado de la sala de oración frente a la entrada son particularmente hermosos, y el mihrab (hornacir

SAATON/SHUTTERSTOCK

indica la dirección de La Meca) tiene mármol
.mente esculpido. La madraza fue objeto de
gran rehabilitación del 2017 al 2023.

jamientos de estudiantes

ı importante madraza, la más grande de la re-
ı, recibía a estudiantes de todo el norte de África
estudiaban el Corán, la ley islámica, álgebra,
atura, historia y ciencia. Con 130 habitacio-
alojaba hasta 800 estudiantes en dormitorios
ribuidos en diferentes niveles alrededor del patio
ıcipal y seis patios más pequeños abiertos para
porcionar luz.

a sala de abluciones de la planta baja tiene
tro columnas de mármol y un techo abovedado
re una piscina de agua central y letrinas alrede-
(hoy transformadas en modernos baños para
visitantes).

UNA PAUSA
El patio de acceso al vecino **Musée de Marrakech** (p. 90) tiene un encantador café con mesas a la sombra donde descansar y disfrutar de un té de menta.

★ IMPRESCINDIBLE

'Qubba' almorávide

Hay que bajar las escaleras para descubrir la hermosa **'qubba almorávide** *(adultos/niños 100/20 MAD)*, el edificio más antiguo de Marrakech. Una reciente restauración ha revelado que hace 900 años fue el sofisticado complejo de abluciones de la mezquita adyacente.

PLANO P. 82 **B3**

CONSEJO
Algunos lectores consideran que la entrada es demasiado cara, por solo 15-20 min de visita. Se puede admirar la *qubba* desde las barandillas que la rodean, pero no se verán las exquisitas decoraciones del interior.

Historia

Los almohades destruyeron casi todo lo que sus predecesores, los almorávides, habían construido en Marrakech, pero por alguna razón se olvidaron de este elegante pabellón del s. XII y la *qubba* (cúp la) frente a la mezquita Ben Youssef. Probablemen era el centro de abluciones de la mezquita origina conocida como mezquita almohade. Allí cerca se los restos de un alminar.

Posteriormente, la *qubba* desapareció bajo los anexos de la mezquita Ben Youssef, construida en el s. XIV, y no fue excavada hasta 1952. El complejo se ha restaurado recientemente.

Arquitectura y decoración

El diseño de la *qubba* revela lo que la arquitectura mudéjar debe a los almorávides: arcos de herradu arabescos entrelazados y una cúpula abovedada so una base almenada, similar a las de Córdoba y Tol

La cúpula cubre una piscina usada para las ab ciones antes de la oración. Fuera del edificio, los *k taras* (sistemas de riego subterráneos tradicional abastecían las letrinas y las fuentes de agua potab Dentro, el pabellón y la cúpula están ricamente d corados con motivos florales, caligrafía y exquisit mocárabes. Los arcos alrededor del borde interio están pintados de rojo y lucen estrellas de arenis

Otro edificio rectangular adyacente a la *qubba* tiene tres plataformas con fuentes que probablem te abastecían de agua a la población local.

IMPRESCINDIBLE

aison de la Photographie

colecionistas de fotografías marroquíes Patrick Menac'h y Hamid rgani abrieron la **Maison de la Photographie** *(adultos/niños 40 MAD)* para mostrar sus colecciones en su contexto original. esultado es una fascinante exposición de los estilos de vida y los ajes que captaron los primeros fotógrafos que visitaron Marruecos.

O P. 82 **G2**

ratos 'vintage'

atio de la planta baja y las salas que lo rodean n dedicadas a los retratos. Los temas son varia- desde mujeres tatuadas de las cabilas de las mon- s a aristócratas árabes de Fez. La imagen más acada de la colección permanente es una foto de idou Laambre, un sirviente subsahariano, toma- n 1885 por Arévalo, un bibliotecario de Tánger.

ebut fotográfico de Marruecos

l salón posterior de la planta baja se exhiben las s más antiguas de la galería, el debut de la fotografía Iarruecos, cuando los primeros europeos llegaron sus cámaras y empezaron a captar la vida local. Se stra imágenes de Tánger tomadas entre 1870 y 1900.

ajes y estilos de vida

salas de la primera planta contienen obras del garo Nicolas Muller (década de 1940) y el belga rles Henneghien (década de 1960). No hay que erse las fotos de la década de 1920 de las tumbas íes, la mezquita Ben Youssef, Yamaa el Fna y las allas de Marrakech, con un desierto vacío detrás.

ida en el Alto Atlas

as escaleras a la terraza de la azotea hay una sala de se reproduce el documental *Alto Atlas* del grafo francés Daniel Chicault. Filmado en 1956, na visión fascinante de la vida rural de la época.

INDISPENSABLE

En la **terraza** (p. 93) de la azotea, una de las más altas de la medina, hay un café que ofrece una agradable pausa -y fantásticas vistas- tras visitar la galería.

En la planta de la terraza hay una sala oscura con placas autocromas, las únicas fotografías en color de la galería.

Escanea este código QR para ver la foto del mes.

CIRCUITO A PIE

Paseo por Kâat Ben Nahid y Bab Debagh

Empezando en la Bab Debagh, la puerta de la medina, se puede visitar las tenerías y pasear por Ave Bab Debbagh, con sus escen de la vida cotidiana. La ruta pasa por tres museos, además de por maravillosa madraza Ben Youssef y la deliciosa *qubba* almorávi Y, al final llega el momento de degustar un té en 1112 Marrakech

INICIO	FINAL	DURACIÓN
Bab Debbagh	1112 Marrakech	1,1 km; 1½ h

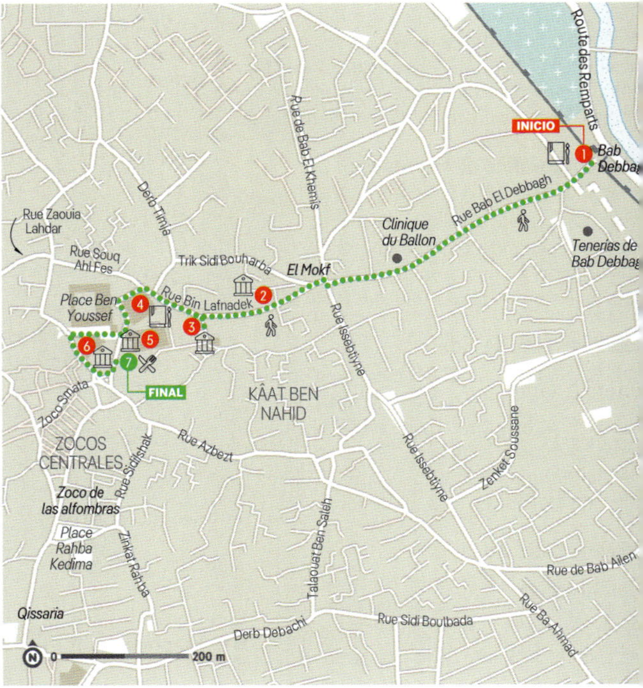

Seguir el olfato

ɜntra en la medina por la hermo-
Bab Debagh e inmediatamen-
e ven las tenerías a la izquierda.
ːl viajero se siente con suficiente
ːrgía para zafarse del constante
ːso de los buscavidas y el olor,
ːde entrar a ver cómo se limpian
pieles. Es gratis. Pero no es
omendable entrar en las tiendas
centro artesanal. Se sigue por
Debbagh, pasando la Clinique
Ballon, donde se cosen a mano
ones de fútbol y *rugby,* a la de-
ha. En la zona hay otras tenerías
s pequeñas que se pueden visitar.
uí se desarrolla la vida cotidiana
la medina, con hombres que
ːparan tayines en diminutos
taurantes, mujeres que preparan
emen (pan plano) en las parrillas,
ios que van a la escuela y vecinos
hacen las compras en pequeños
ɜstos de verdura y cerne.

Fotografías antiguas

os 500 m más allá, en Place
Moukef, se gira a la izquierda
r Rue Bin Lafnadek, siguiendo las
licaciones hasta la **Maison de
Photographie** (p. 87). Este gran
ːd contiene una notable memoria
ográfica de Marruecos. No hay
e perderse el documental de 1957,
*ndscapes and Faces of the High
'as,* el primero rodado en el país
color.

Muñecas trajeadas

salir del museo, a 120 m se gira
nuevo por Derb El Khamsi,
nde inmediatamente se verá el
Musée de l'Élégance Marocaine
(p. 91) a la derecha. Situado en un hermoso *riad,* presenta 1300 años de indumentaria marroquí, a tamaño real y para muñecas.

4 Arquitectura inspiradora

Se retrocede hasta Rue Bin Lafnadek, se gira a la izquierda y tras 150 m, se vira a la izquierda por Rue Azbezt, frente al porche y las enormes puertas de latón de la **madraza Ben Youssef** (p. 84). Esta espléndida escuela coránica es el monumento más significativo de Marrakech.

5 Museo en un palacio

Al salir de la madraza, se gira a la izquierda, siguiendo la calle a la vuelta de la esquina y enseguida aparece el **Musée de Marrakech** (p. 90) a la izquierda, ubicado en el imponente palacio Mnebhi. La biblioteca Ben Youssef queda a la derecha (cerrada al público).

6 Cúpula de 900 años

Al salir del museo, a 25 m se gira a la derecha por Place de la Qissariat Ben Youssef. Se toma la siguiente a la izquierda, y aparece la **'qubba' almorávide** (p. 86) a la izquierda. Construida en 1117, es uno de los únicos vestigios que quedan de arquitectura almorávide, con una cúpula suntuosamente decorada.

7 Hora del té

Unos 90 m calle abajo, se sigue la curva a la izquierda hasta el *riad* **1112 Marrakech** (p. 91) a la izquierda.

EXPERIENCIAS

Artesanía antigua en las tenerías de Bab Debagh

ARTESANÍA

PLANO: 1 P. 82 H2

Desde finales del s. XI, los hombres se arrodillaban ante las pozas rellenas de agua, cal y excrementos de paloma de las **tenerías de Bab Debbagh** *(cerrado vi)*. Ahora las pieles se siguen curtiendo en estas artesas, hoy llenas de productos químicos, para quitarles el pelo y ablandarlas, y luego cortarlas, coserlas y secarlas al sol. Hay una gran extensión de artesas y huele bastante mal, pero resulta interesante ver trabajar a los hombres y es muy fotogénico. A diferencia de las tenerías de Chaouara, en Fez, aquí no se tiñe la piel, por lo que no hay colores vibrantes.

Probablemente baste con 15 min. Conviene planificar la visita por la mañana antes de que el sol empeore el olor. Hay que tener en cuenta que es gratuito, a pesar de los buscavidas que rondan por los alrededores y acosan a los turistas ofreciéndose agresivamente como "guías".

El opulento museo de Marrakech

M

PLANO: 2 P. 82 C3

Se puede pasar un buen rato embobado ante los decadentes salones del palacio Mnebhi, que alberga el **Musée de Marrakec** *(marrakechmuseum.com; adulto niños 70/20 MAD)*. Destaca el pa central, con un despliegue de ar das de cedro, una enorme araña vidrieras, puertas con elaborado paneles pintados y, por supuesto muchos *zellige*, aunque no hay q perderse la muestra de exquisitas cerámicas de Fez en la sala principal y el *hammam*. Es uno de los museos más antiguos de M rrakech y parece algo anticuado

El café en el patio de entrada ofrece una agradable pausa.

Escribir el nombre en árabe en Arcallima

ARTE Y ARTES

PLANO: 3 P. 82 C3

Situado en el Musée de Marrakec **Arcallima** *(arcallima.com; 2-4 p sonas 450 MAD por persona)* ofr

CUIDADO CON LAS ESTAFAS

Se recomienda evitar el **Centre Artisanal Medina** junto a Derb Soussane en las cercanías de Bab Debagh. Algunos lectores han denunciado haber sido engañados sin poder salir si no es dando una propina o comprando algo indeseado. Los precios son elevados y los vendedores agresivos. Fuera, grup de los clásicos buscavidas esperan para acosar a los turistas pidiéndoles dinero por hacer de guía en las tenerías. Para evitar tener que deshacerse de ellos, lo mejor es ir en grupo o con un guía oficial organizado por el alojamien Esto no ocurre en otros centros artesanales de la medina.

eres de caligrafía árabe de h con el que se podrá escribir ıombre en árabe en muy poco npo, aprender a usar las herra- entas y practicar las técnicas de a escritura llena de arabescos orituras que decora palacios y numentos tallados en yeso, dera y *zellige*. Al final del curso, btiene un certificado y una sa con obsequios. Se reserva el sitio web.

nar el té el frondoso 2 Marrakech

RESTAURANTE

NO: 4 P. 82 **C4**

2 Marrakech *(1112marrakech. n)* es un delicioso salón de té cado en un magnífico *riad*. nombre hace referencia al año calendario islámico en que se tó el techo de uno de los salo- s, esto es, 1700. En el frondoso io, se pueden probar distintos especiales de las 12 regiones Marruecos. Se puede ir a las 00 para tomar un *dwaz atay* 1 pasteles, u otra especialidad ualquier hora. En el almuerzo y un menú degustación de tos inusuales de todo el país. museo de la planta superior ata la estrecha relación de arruecos con Mánchester, Reino ıido, en lo que respecta a todo relacionado con el té.

Las exposiciones de Dar Bellarj

CENTRO CULTURAL

PLANO: 5 P. 82 **C2**

La fantasía forma parte inherente de **Dar Bellarj** *(darbellarj-fonda tion.com)*, un antiguo hospital de cigüeñas (*bellarj* significa "cigüeña" en árabe) convertido en centro cultural y galería. Cada año, la fundación benéfica Dar Bellarj propone un programa en torno a la cultura, desde películas a tejidos hechos por mujeres y cuentacuentos. La entrada suele ser gratis (excepto en algunos actos). Las exposiciones están en francés y árabe; más información en la web.

Los magníficos trajes del Musée de l'Élégance Marocaine

MUSEO

PLANO: 6 P. 82 **E3**

Situado en un hermoso *riad* del s. XVII, el **Musée de l'Élégance Marocaine** *(Museo de la Elegancia Marroquí; museumofmoroccane legance.com; adultos/estudiantes/ niños 50/30 MAD/gratis)* presenta la colección de la difunta artista e historiadora Habiba Hantout, un recorrido por 13 siglos de indumentaria marroquí. Hay maniquíes de tamaño natural con trajes tradicionales, además de 200 muñecas, un café de azotea, exposiciones de artistas locales y una tienda conceptual.

SUGERENCIAS

Lo mejor para...

Localizaciones en el plano de la **p. 82**

Ⓔ Económico ⒺⒺ Precio medio ⒺⒺⒺ Precio alto

Comer

Alta cocina

L'Mida ⒺⒺ
7 C6
Tras cruzar la puerta tachonada, se sube hasta la 1ª planta y la azotea, con una hermosa decoración verde, blanca y mostaza. Sirven excelente cocina moderna, como ñoquis o *poke bowl* de besugo; tienen menú infantil. *lmidamarrakech.com; 12.00-22.30*

Le Trou au Mur ⒺⒺⒺ
8 D2
Elegante restaurante contemporáneo que sirve una mezcla de inusuales platos marroquíes, comida de fusión y clásicos internacionales. En el comedor lleno de arte o en la azotea se puede probar la especialidad de la casa, el *mechui* (cordero asado a fuego lento). *letrouaumur.com; 12.00-15.00 y 18.30-24.00 mi-lu*

Le Foundouk ⒺⒺⒺ
9 F3
Una lámpara de araña de hierro con velas crea el ambiente para degustar alta cocina, con propuestas marroquíes e internacionales. Las raciones no son enormes, pero procuran presentar platos distintos a los típicos de lugares turísticos. Se recomienda reservar en línea. *foundouk.com; 19.00-4.00 ju-ma*

Cocina económica

Naima ⒺⒺ
10 E6
Para comer auténtico cuscús, hay que apretujarse en este minúsculo comedor y disfrutar del festín de cuscús de pollo y verduras (no hay carta, y hablan poco inglés). *13.00-22.00*

World Storytelling Café Ⓔ
11 F3
Excelente café vegano con una selección de tapas y platos principales como pimientos rellenos o hamburguesas de frutos secos y semillas, junto con zumos y *smoothies*. Es diminuto distribuido en dos plantas, con terraza en azotea. Hay cuentacuentos. *worldstorytellingcafe.com; 12.00-20.00*

Dar Tazi ⒺⒺ
12 G2
Restaurante atractivo y acogedor, chapado a la antigua, con una terraza en la azotea y un menú fiable de clásicos marroquíes. Como está cerca de la Maison de la Photographie (p. 87) es una buena opción para almorzar. *restaurant-dartazi.com; 10.30-15.00 y 18.30-22.00*

Roti d'Or Ⓔ
13 H6
Especialidades *tex-mex* no muy auténticas, pero sabrosas, una buena alternativa a la comida marroquí. Sirven hamburguesas *tex-mex* y *wraps* de falafel, acompañados con patatas fritas y aceitunas. El burrito de pollo especiado es una ganga. *0675452260; 12.30-17.00 y 18.30-20.30*

ber
rías
é Merstan
C5
l corazón de los zocos medina, su terraza azotea es perfecta recuperar fuerzas un zumo recién hecho té de menta o canela. e un servicio amable, nas vistas y asientos ortables con sombra. bién es popular para er. *kafemerstan.com;)-22.00*

raza de la Maison a Photographie
G3
terraza panorámica na de las más altas a medina y deliciosa relajarse y admirar ejados de terracota un zumo de fruta té de menta tras visitar la galería de fotografía (p. 87) en la planta baja. *maisondelaphoto graphie.ma; 9.30-19.00*

Shtatto
16 C6
En la azotea (anunciada como la más alta de la medina) sobre la tienda de diseño, sirven tayines, sándwiches, ensaladas, hamburguesas y zumos a la hora de comer. *booking.shtattomarra kech.com; 9.30-23.00*

Comprar

Arte y artesanía

Fiber Trip
17 E3
Se puede ver a las mujeres tejer a mano bonitos pañuelos de lana y lino de calidad en un telar tradicional. *0642223758; 10.00-19.00*

La Qoubba Galerie d'Art
18 C4
Esta elegante pero accesible galería es un escaparate para artistas marroquíes contemporáneos reconocidos, con una calidad notablemente superior al resto, y obras de arte con certificado de autenticidad. El director, Mohammed, conoce bien a los artistas y puede organizar el envío de telas grandes. *qoubbagalerie.com; 9.00-19.00*

Les Nomades de Marrakech
19 B1
Esta tienda parece interminable, con salas y salas repletas de alfombras, nuevas, antiguas, de todos los tamaños imaginables, esperando decorar una casa. Tienen precios fijos y envían a todo el mundo. *lesnomadesdemarrakech.com; 9.30-18.30*

Sugerencias de lugares para comer y beber en **p. 106**

:xplora
.a casba y la 'mellah'

casba ocupa el lugar donde los almorávides fundaron ırrakech en 1062. Primigenio campamento militar, el lugar vino en fortaleza de estos sultanes. El palacio real todavía sigue pie, así como el palacio El Badi, el palacio Bahia y grandes *ıds* de ricos cortesanos. También está la mezquita El Yazidi, o superada por la Kutubia, y las tumbas saadíes, donde están terrados los sultanes. En la década de 1550, el sultán Abdallah Ghalib confinó a la población judía en la *mellah*, junto a la ıba. Se construyeron varias sinagogas, la más antigua, Lazama, ue en uso, así como el cercano cementerio judío.

ómo desplazarse

A pie

e barrio se recorre a pie. Rue de la Kasbah ancha y abierta, pero en el interior de la ıba y de la *mellah* las calles adoquinadas ı más estrechas. Hay 15 min a pie desde naa el Fna a la *mellah* por Riad Zitoun; min a la casba.

Taxi

y que indicar Rue Bahia Bab Mellah ab Agnaou para ir a las tumbas saadíes.

'Calèche'

a opción más pintoresca es alquilar coche de caballos.

LO MEJOR

MUSEO
Monde des Arts de la Parure (p. 105)

JOYA ARQUITECTÓNICA
Tumbas saadíes (p. 100)

PALACIO
Bahia (p. 98)

CENTRO CULTURAL
Cafe Clock (p. 104)

PLAZA
Place des Ferblantiers (p. 104)

acio El Badi (p. 104).
A ALBI/SHUTTERSTOCK

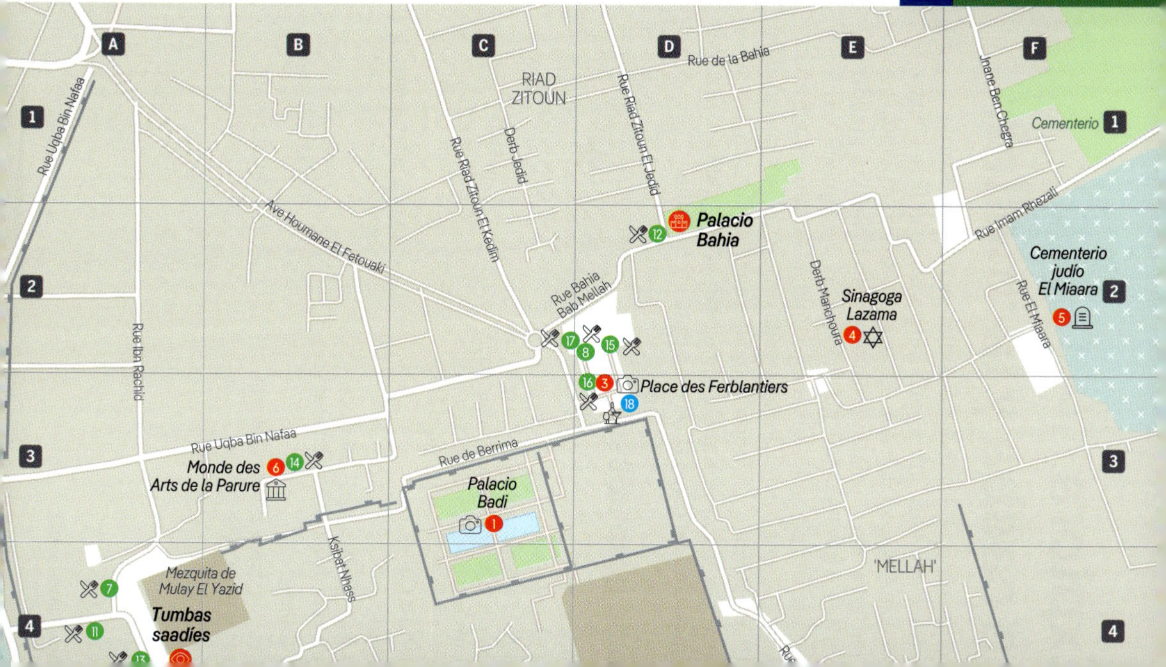
A
B
C
D
E
F
1
2
3
4
RIAD ZITOUN
Rue de la Bahia
Jnane Ben Chegra
Cementerio
Rue Uqba Bin Nafaa
Derb Jedid
Rue Riad Zitoun El Kedim
Rue Riad Zitoun El Jedid
Ave Houmane El Fetouaki
Palacio Bahia
Rue Imam Rhezali
Cementerio judío El Miaara
Rue El Miaara
Derb Manchoura
Sinagoga Lazama
Rue Bahia Bab Mellah
Place des Ferblantiers
Rue Ibn Rachid
Rue Uqba Bin Nafaa
Monde des Arts de la Parure
Rue de Berrima
Palacio Badi
Ksibat Nhass
Mezquita de Mulay El Yazid
Tumbas saadíes
'MELLAH'
1
3
4
5
6
7
8
11
12
13
14
15
16
17
18

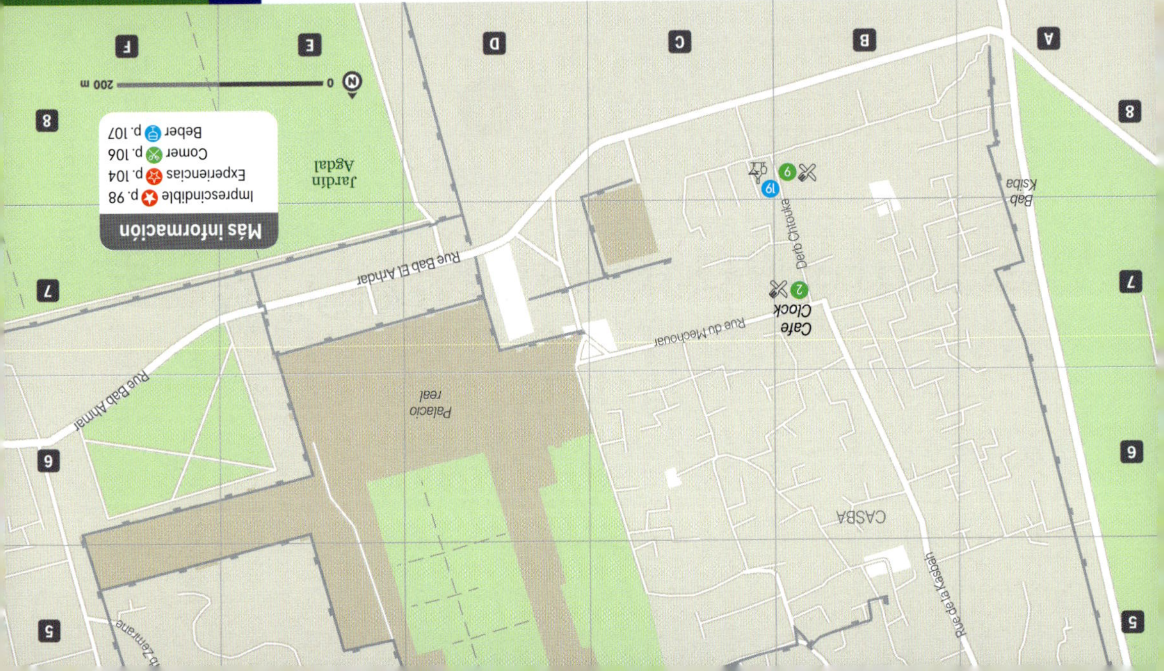
Más información
Imprescindible p. 98
Experiencias p. 104
Comer p. 106
Beber p. 107
0
200 m
Jardín Agdal
Rue Bab El Arhdar
Rue Bab Ahmar
Palacio real
Rue du Mechouar
Cafe Clock
2
9
19
Derb Chtouka
Bab Ksiba
CASBA
Rue de la Kasbah
A
B
C
D
E
F
5
6
7
8

★ IMPRESCINDIBLE

Palacio Bahia

No es el más antiguo de la ciudad, pero el **palacio Bahia** *(adultos/menores de 12 100/30 MAD)*, que significa "hermoso", es indudablemente uno de sus edificios más espectaculares, u extravagancia de 8000 m² con intricada marquetería, enyesad y *zouak* (madera cromada), construida por el gran visir Si Mu en la década de 1860. Hay que prever cerca de 1 h para visitar

PLANO P. 96 **D2**

CONSEJO
Hay grupos de turistas durante todo el día; es recomendable ir cuando abre o al final de la tarde. Hay que dedicarle tiempo suficiente para hacer pausas y esperar a que se vayan los grupos.

Petit Riad

El más cercano a la entrada, y de una sola planta, sus paredes lucen un elaborado enyesado blanco con inscripciones de versos del Corán. En el s. XIX, cuando se decoró originalmente, este yeso se talló *in situ* cuando aún estaba fresco; impresiona imag nar la destreza del artesano para trabajar de form tan rápida y precisa.

Esta zona del palacio se añadió más tarde, cuando el hijo y sucesor de Si Musa, Bu Ahmed se convirtió en el gran visir en 1894, y era donde reci bían a los oficiales del Gobierno. Cuando Marruec se convirtió en protectorado francés en 1912, el Pet Riad se usó como apartamentos privados del gene ral francés Lyautey cuando estaba en Marrakech, que añadió electricidad y calefacción.

Cour d'Honneur

Encajado entre el Petit Riad y el Grand Riad, este gran patio es el centro absoluto del palacio, un espe tacular espacio abierto de 1500 m², restaurado segúr su esplendor original en el 2018. El suelo es una vas extensión de mármol italiano de Carrara, rodeado d una galería con yeso y carpintería de brillantes tono azules y amarillos.

Cuando Bu Ahmed amplió el palacio, esta secció se convirtió en su harén, formado por sus cuatro esposas y 24 concubinas.

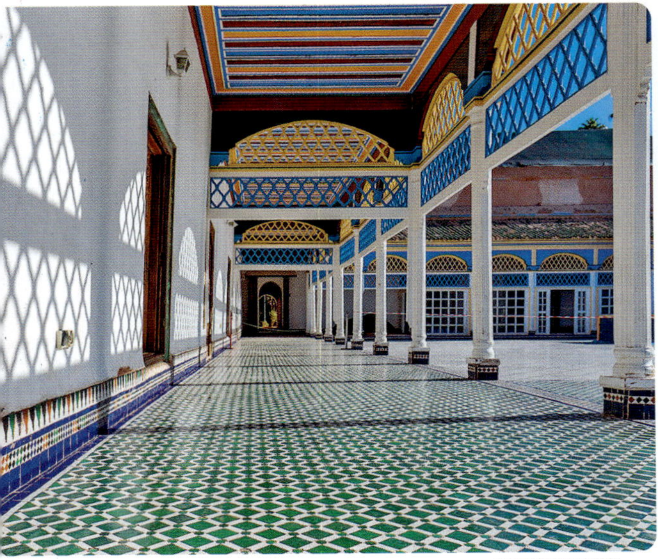

SAATON/SHUTTERSTOCK

rand Riad

I cruzar la puerta de la Cour d'Honneur se llega exuberante patio con fuentes del **Grand Riad.** s la parte más antigua del complejo del palacio, erminada en 1867 por Si Musa, un antiguo esclavo ue escaló posiciones hasta convertirse en uno de s asistentes más importantes del sultán Hasán I. l salón del *riad* está adornado con dinteles de adera tallada, magnífico *zouak* y vitrales; se cree ue el palacio Bahia fue el primer edificio del norte e África en el que se usaron los vitrales como lemento decorativo.

A pesar de la gran área de exposición, solo una arte de las 8 Ha y 150 salas del palacio está abierta l público. Sus vastos espacios albergan importantes ctos culturales.

UNA PAUSA
Frente a la entrada al palacio, **Beldi Fusion Kitchen** (p. 106), es ideal para tomar un café o comer en la azotea y descansar antes de seguir con las visitas.

★ IMPRESCINDIBLE

Tumbas saadíes

El sultán Al Mansur fue tan extravagante en vida como en su muerte. Tras construir el palacio El Badi en el s. XVI, el "Rey Dorado", transformó una necrópolis existente en este fastuoso **complejo funerario** *(adultos/menores de 12 100/20 MAD).* Bastan 30 min para captar su esplendor.

PLANO P. 96 **A4**

CONSEJO
Es recomendable visitarla por la tarde para evitar los grandes grupos y las frecuentes colas para ver la tumba de Al Mansur. Se entra por el arco frente al Kasbah Café.

Cámara de las Doce Columnas

El sultán saadí Al Mansur no reparó en gastos en su tumba: importó mármol italiano de Carrara y mocárabes (enyesado decorativo) con oro puro para construir la **sala de las Doce Columnas** (foto), su majestuoso mausoleo. Murió en 1603, y unas décadas más tarde, el sultán alauita Mulay Ismail tapió las tumbas para hacer caer a sus predecesores en el olvido. Los franceses volvieron a abrirlas en 1917, tras localizarlas en una fotografía aérea.

La cámara principal del complejo funerario está a la izquierda de la entrada; simplemente hay que buscar la cola. Solo se puede ver a través de una puerta de arco, aunque está previsto construir una plataforma de observación alrededor de la cámara para evitar aglomeraciones.

Elaborados *zellige* (coloridos mosaicos geométricos) y mocárabes dorados abundan en la sala, y el techo abovedado descansa sobre 12 columnas de mármol de Carrara. Dos de estas columnas son claramente más antiguas, procedentes de la antigua ciudad romana de Volubilis.

El mejor momento para tomar fotos es a última hora de la tarde, cuando el mármol adquiere un tono dorado con la luz.

Nichos principescos

Alrededor de la cámara central de las Doce Columnas, hay otras dos salas de tumbas. Importantes

LOIS GOBE/SHUTTERSTOCK

ríncipes fueron enterrados en la **cámara de los [T]res Nichos,** mientras que la de la izquierda era [or]iginalmente una sala de oración. El elemento pen[ta]gonal con elaboradas tallas de la pared de atrás es [el] mihrab (nicho de oración).

[Tu]mba de la madre

[E]ste **mausoleo** se erigió en 1557 y es anterior al [re]sto del complejo. Al Mansur lo encargó para su [m]adre, Lalla Masuda, que reposa en la singular [tu]mba empotrada en un nicho en la parte posterior [d]el mausoleo.

Junto a esta estructura se encuentra la entrada [p]rincipal original a las tumbas, tapiada por Mulay [Is]mail. Accesibles durante siglos solo por la **mezqui[ta] de Mulay El Yazid,** las tumbas quedaron en el [ol]vido hasta que los franceses las redescubrieron y [co]nstruyeron la entrada actual.

UNA PAUSA
El **Kasbah Café** tiene una posición privilegiada frente a la entrada, ideal para disfrutar de vistas de los tejados de la mezquita de Mulay El Yazid con un zumo.

CIRCUITO A PIE

Paseo por la casba y la 'mellah'

El recorrido comienza en la *mellah*, la antigua y compacta juder
Desde la hermosa Place des Ferblantiers, se visitan las tumbas saad
y el palacio Badi. Muy cerca está la casba, con el impresionante
Monde des Arts de la Parure. Siguiendo los muros de la mezquit
de la Casba, pronto se llega a las tumbas saadíes y al Cafe Clock.

INICIO	FINAL	DURACIÓN
Sinagoga Lazama	Cafe Clock	2 km; 2 h

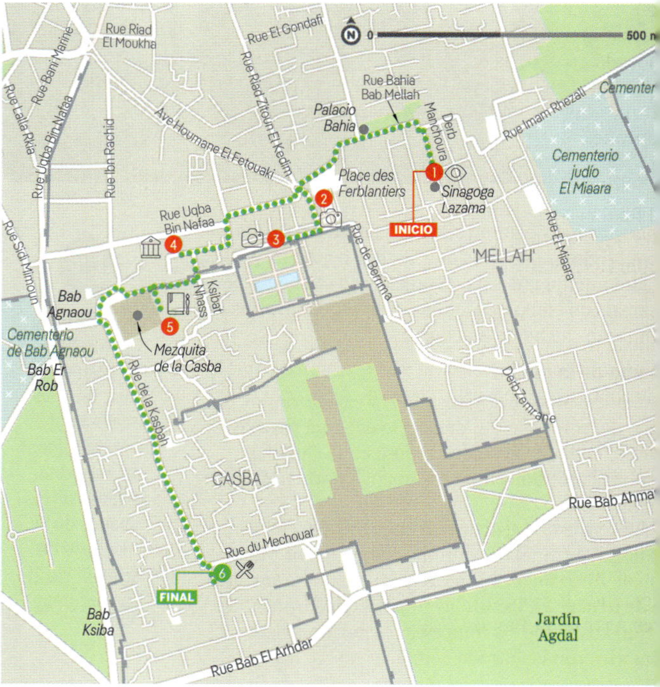

1 Historia judía en la 'mellah'

e empieza en la **sinagoga Lazama** (p. 105) en la *mellah*. Todavía n uso, es un fascinante fragmento e la historia judía de Marrakech.

2 La plaza más hermosa

l salir de la sinagoga, se gira a derecha hacia el norte por Rue lanchoure. Luego se tuerce a izquierda por Rue Bahia Bab lellah, una calle más ancha, con s muros del palacio Bahia (p. 98) la derecha. En la rotonda se toma primera a la izquierda por Rue e Berrima. La **Place des Ferblantiers** (p. 104) queda a la izquierda, odeada de tiendas de especias menaje, cafés, así como los ltimos hojalateros (*ferblantiers* n francés).

3 Ruinas de un palacio saadí

l final de Rue de Berrima, se ira a la derecha por la entrada al **alacio El Badi** (p. 104), las ruinas el monumental complejo del alacio del sultán saadí Al Mansur. 'ale la pena ver las mazmorras y l *minbar* (púlpito) de la mezquita utubia que se conservan aquí.

4 Fabulosa joyería

'ras salir del palacio El Badi, se retrocede hasta la rotonda y se toma a siguiente a la izquierda, Rue ougma. En el cruce en T, se gira la izquierda por Ksibat Nhass, iguiendo la curva hasta el **Monde les Arts de la Parure** (Museo de la Joyería; p. 105). Hay que cruzar el foso en la entrada para explorar este magnífico museo en un *riad*.

5 Tumbas ornamentadas

Al salir del museo, se gira a la derecha hasta la siguiente esquina, girando a la derecha (todavía es Ksibat Nhass) y la derecha de nuevo. Pronto se camina junto a los restaurados muros septentrionales de la mezquita de Mulay El Yazid (o mezquita de la Casba). Al llegar a la calle principal, Rue de la Kasbah (con tráfico), se gira a la izquierda por el muro este del complejo. Al final de los muros de la mezquita (el Kasbah Café queda enfrente), se entra por el pequeño arco a la izquierda a las **tumbas saadíes** (p. 100), la fantástica última morada del sultán saadí Al Mansur, que construyó el palacio El Badi.

6 En el reloj

Tras visitar las tumbas, se gira a la izquierda hacia el sur por Rue de la Kasbah unos 1,4 km (20 min). Tras dejar la Parapharmacie El Hadbi a la izquierda, la calle vira hacia la izquierda, pero hay que seguir recto por Derb Chtouka y el **Cafe Clock** (p. 104), a la derecha. Conviene programar la visita para poder disfrutar de una sesión nocturna de música en el Clock y comer algo en la terraza de la azotea.

EXPERIENCIAS

Extraordinarias ruinas del palacio El Badi

ARQUITECTURA

PLANO: 1 P. 96 **C3**

La magnitud del **palacio El Badi** *(adultos/niños 70/300 MAD)*, en ruinas, del s. XVI, construido por el sultán Al Mansur, es impresionante; se puede pasear tranquilamente por aquí 1 h. En la actualidad, solo quedan los enormes muros coronados por nidos de cigüeñas y los restos de unos grandes jardines en torno a un patio central con canales de agua y fuentes. Tenía unas 300 salas adornadas con oro y tesoros traídos de las rutas comerciales transaharianas.

Abajo están las mazmorras donde el sultán encerraba a sus prisioneros, y en el muro este, una sala de exposiciones muestra una película CGI con una reconstrucción del palacio. Un elemento destacado es el elaborado *minbar* de la Kutubia. Si se tiene curiosidad por la artesanía de las mezquitas de Marrakech, pero no se pueden ver por dentro, vale la pena visitar este lugar. Los escalones de cedro del *minbar*, con caligrafía dorada y plateada, fueron obra de artesanos cordobeses del s. XII, dirigidos por un hombre llamado Aziz, cuya firma reveló la restauración realizada por el Metropolitan Museum of Art de Nueva York.

DISFRUTAR DE LA HERMOSA PLACE DES FERBLANTIERS

En la encantadora **Place des Ferblantiers** (PLANO: 3 P. 96 **D3**) se congregaban antaño los hojalateros, de ahí el nombre. Todavía quedan algunos talleres que confeccionan faroles, lámparas, bañeras e interesante arte de metal. Muchas tiendas ahora venden especias y remedios naturales, y hay algunas de menaje. Los restaurantes se abren a la plaza, un lugar ideal para recobrar fuerzas.

Cultura del café en Cafe Clock

CA

PLANO: 2 P. 96 **B7**

Hermano del original de Fez, el **Cafe Clock** *(cafeclock.com)* se hall en una antigua escuela y ofrece vistas del atardecer sobre la casba desde la azotea. La comida es correcta, incluidas opciones vegetarianas como falafel y *bastilla* de verduras; a los turistas les encanta su singular hamburguesa de camello. Sin embargo, es más popular por su calendario de actuaciones culturales, que también atrae a muchos jóvenes locales.

Además de exposiciones de arte y conciertos de música bereber y gnaua los sábados y domingos, respectivamente, organiza sesiones de *hikayat* (cuentacuentos) en una mezcla de darija e inglés.

También organiza una serie de talleres culturales, como una sesión inicial sobre cultura y lengua, clase

cocina, un curso de caligrafía
ra aprender a usar la pluma o
curso básico de *oud*. Asimismo,
oya a familias locales y otros
oyectos comunitarios.

istoria judía n la sinagoga Lazama SINAGOGA

ANO: 4 P. 96 **E2**

olo un par de sinagogas de la *ellah*, de las 35 originales, se usa davía por la menguante comunidad judía de Marrakech, incluida ta, **Lazama** *(jmarrakech.org; onación 10 MAD)*, que es también n interesante museo de la vida día en Marruecos. Originalmen- construida en 1492 por judíos efardíes, su interior azul y blanco ata de mucho después. Está en lado derecho del hermoso patio nterior; destaca el motivo en forma e estrella de David en los *zellige*.

ementerio judío l Miaara CEMENTERIO JUDÍO

ANO: 5 P. 96 **F2**

l extenso y amurallado cementeio judío **El Miaara** *(cimetierejuif narrakech.com; entrada 10 MAD)*, e encaladas tumbas, data del s. XII aún se usa. Unos 17 *tzaddikim* líderes espirituales) están enterraos aquí. Gente de todo el mundo cude en busca de familiares (la veb puede ser de ayuda). Al entrar, los hombres reciben y deben ponerse una kipá, y es habitual lavarse las manos en la fuente –y dar propina al guardia– antes de irse.

Relucientes joyas en el Monde des Arts de la Parure MUSEO

PLANO: 6 P. 96 **B3**

Pasando sobre el foso se llega al impresionante **Monde des Arts de la Parure** *(lemapmarrakech.com; adultos/13-25 años/niños 100/50 MAD/gratis; lu cerrado)*, donde aguardan espléndidas exposiciones de joyería, guarnicionería, adornos, tejidos y trajes ceremoniales de todo el mundo. Casi 3000 piezas de más de 50 países están expuestas de forma muy profesional y magníficamente iluminadas. Todos los objetos tienen un código QR que se puede escanear para tener la información en inglés y francés en el móvil. Hay un restaurante en la azotea, así como una tienda de regalos y librería; hay que prever por lo menos 1 h para la visita.

Antes dos *riads*, el museo se ha reconstruido totalmente con ladrillos tradicionales y dinteles de cedro. La *halka* (claraboya) central hexagonal rodeada de *mashrabiya* (entramados) de pintura negra es extraordinaria.

SUGERENCIAS

Lo mejor para...

€ Económico €€ Precio medio €€€ Precio alto

Localizaciones en el plano de la **p. 96**

Comer

Cafeterías

Zeitoun Café €€
7 A4
Con mesas en la acera o en la azotea, ofrece opciones inusuales como tayín de pescado o *tanjia* (estofado a fuego lento) de camello y deliciosos batidos, con increíbles vistas a la mezquita de Mulay El Yazid. *zeitoun cafe.com; 9.00-1.00*

Mazel Streetfood Coffee €€
8 D2
Magníficamente situado en Place des Ferblantiers, tiene buenas opciones mediterráneas como pitas y falafel, o boles de quinoa vegetarianos y un menú marroquí. Sirve buenos cafés de especialidad. Ideal para descansar bajo un parasol. *@mazel_marrakech; 10.00-22.00*

Alta cocina

Les Jardins de la Medina €€€
9 B8
El restaurante de este lujoso hotel tiene para todos los gustos: menú marroquí, mediterráneo y vegetariano. Además de un menú de almuerzo y otro con platos más pequeños. Se puede comer en el adorable jardín con sus altas palmeras y una gran piscina, o en el elegante comedor. *lesjardinsdelamedina.com; 12.30-15.30 y 19.30-22.30*

La Table de la Sultana €€€
10 B4
Restaurante fastuoso en la terraza del hotel La Sultana, situado bajo los arcos de ladrillo de la galería con vistas al jardín. Sirven platos de temporada y dos menús: uno moderno marroquí y uno francés. Utilizan productos locales como el comino de Alnif, argá del Sus y ostras de Oual dia. *lasultanahotels.com/ marrakech; 19.30-22.00*

Tradicional marroquí

La Table de la Kasbah €€
11 A4
Cerca de Bab Agnaou y con magníficas vistas a la restaurada mezquita de Mulay El Yazid desde la azotea, este restaurante cumple todos los requisitos con platos de estilo marroquí casero. En la 1ª planta hay un comedor de paredes oscuras, mucho yeso tallado y cojines confortables. *@latabledelakasbah; 11.00-22.30 ma-do*

Beldi Fusion Kitchen €€
12 D2
Esta sucursal de una cadena de restaurantes está convenientemente situada frente a la entrada del palacio Bahia. Sirve fiables platos marroquíes, así como platos más ligeros como

cos y hamburguesas. esde la terraza de la :otea hay buenas vistas. ;42129109; *8.00-23.00*

asbah Café €€

3 A4

enovado y ampliado, ste agradable lugar es n mirador privilegiado ente a las tumbas aadíes, con fantás-cas vistas desde la zotea. Ofrece todos s clásicos marroquíes algunos platos interna-ionales. *kasbahcafema 'akech.com; 9.00-23.00 ı-vi, 9.00-24.00 sa y do*

ocina económica

hams €

4 B3

'equeño menú de xcelentes platos orien-ales para compartir n la fenomenal azotea erfumada del Monde les Arts de la Parure p. 105). Hay que probar l *harrak esbao*, popular ntre las mujeres de os *hammams* de Alepo. *emapmarrakech.com; '0.00-17.30*

Chez Taib €

15 D2

El más sencillo y eco-nómico de los cafés de Place des Ferblantiers, la parrilla exterior no descansa ni un momento preparando *batbout* (pan similar a la pita). Con huevos, aceitunas, *jiben* (queso de leche de cabra o de vaca), miel y aceite de oliva, es un fantástico desayuno o tentempié a cualquier hora. *8.00-21.30*

Chez Kamal & Brahim €

16 D3

Este lugar tiene dos facetas: un concurrido puesto de parrilla para lugareños en una calle paralela, y en la plaza sirven el habitual menú de tayín y cuscús. Lo mejor son las *kefta* (albóndigas) a la brasa: se piden con *khobz* (pan) y *smen* (mantequilla fermentada). *10.00-21.00*

Kech Badi €

17 C2

Sentado bajo sus parasoles, es ideal ver a la gente pasar en Place des Ferblantiers mientras se piden creps rellenos de Nutella o chocolate y un elaborado batido de fruta cubierto de nata. Es un buen lugar para tomar dulces, pero también tiene un menú de clásicos marroquíes. *@restaurant.kechbadi; 9.00-23.00 lu-vi, hasta 23.30 sa y do*

Beber

Bares

Kosybar

18 D3

Ideal para ver las cigüeñas del palacio El Badi o el atardecer, está oculto en una esquina de Place des Ferblantiers, uno de los pocos lugares donde tomar una copa en el barrio. *kosybar.com; 11.00-1.00*

Les Jardins de la Medina

19 B8

El sofisticado bar de este elegante hotel es agradable las noches de invierno con su chimenea. O quizá se prefiera tomar una copa en el jardín, sirven alcohol a partir de las 11.00. *lesjardinsdelamedina.com; 7.30-21.00*

Sugerencias de lugares para comer y comprar en **p. 116**

Explora Bab Doukkala y Riad Laarus

ab Doukkala es un barrio poco turístico, una ventana a la ida cotidiana de Marrakech: carritos con montañas de naranjas bollería, puestos de pescado frito y muchas carnicerías.

La destacada mezquita de Bab Doukkala, que data del s. XVI, a sido bellamente restaurada. Al sur de su fuente, los cocineros reparan *warqa* (pasta tipo filo) para crear finísimas hojas de *astilla* (empanada). Hay varias pensiones elegantes ubicadas n *riads*, y el delicioso Musée du Parfum en Riad Laarus. ' más al norte, el fascinante zoco El Khemis.

Cómo desplazarse

Automóvil y taxi

Hay buen acceso en coche. Dar El Bacha en Rue Dar El Glaoui es una práctica parada de taxis. Para ir al zoco, hay que indicar al taxista Bab El Khemis.

Autobús

El nº 1 va de Yamaa el Fna a Place Bab Doukkala.

A pie

El barrio se recorre bien a pie. Es llano y mayormente adoquinado. Desde Dar El Bacha, hay que ir al noroeste por Rue Fatima Zahra hacia Bab Doukkala, o al norte por Rue El Glaoui hacia Riad Laarus.

Musée du Parfum (p. 115).
CELIACHEN/SHUTTERSTOCK

★

LO MEJOR

MUSEO
Musée du Parfum (p. 115)

CENTRO DE ACCIÓN
Pikala Bikes (p. 114)

ARQUITECTURA
Mezquita de Bab Doukkala (p. 113)

COMPRAS
Zoco El Khemis (p. 115)

RESTAURANTE DE ALTA COCINA
Naama (p. 116)

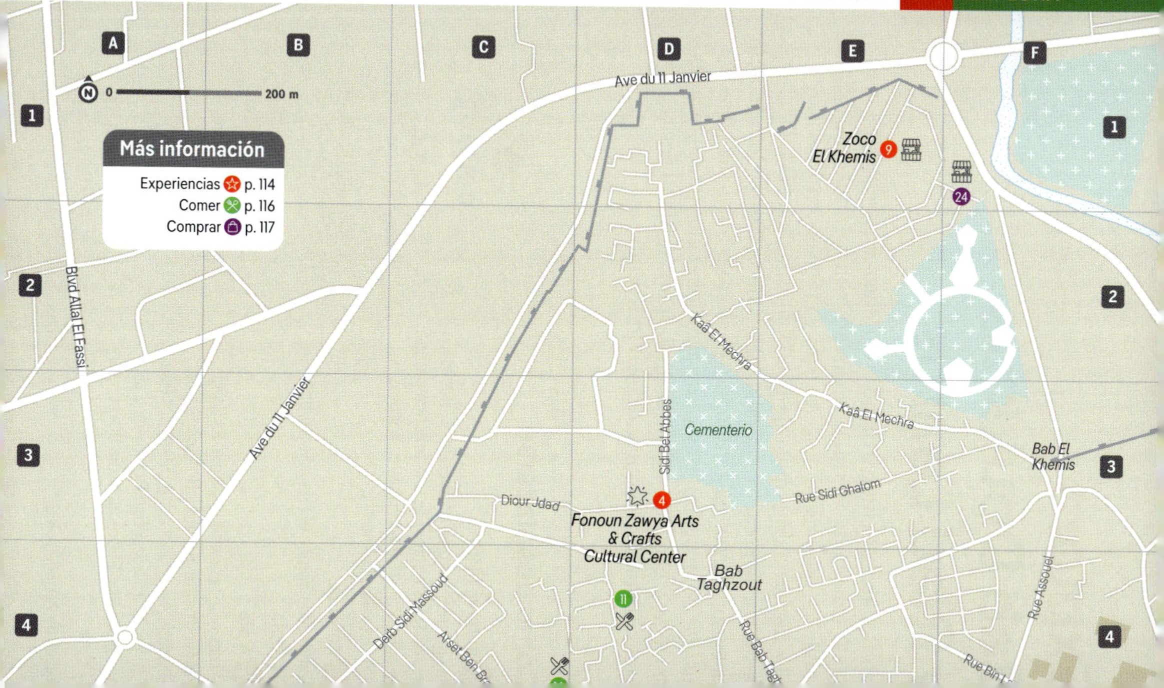
A
B
C
D
E
F
1
2
3
4
0
200 m
Más información
Experiencias p. 114
Comer p. 116
Comprar p. 117
Ave du 11 Janvier
Blvd Allal El Fassi
Zoco El Khemis
9
24
Kaâ El Mechra
Cementerio
Sidi Bel Abbes
Bab El Khemis
Rue Sidi Ghalom
Diour Jdad
4
Fonoun Zawya Arts & Crafts Cultural Center
Bab Taghzout
11
Derb Sidi Massoud
Rue Assouel

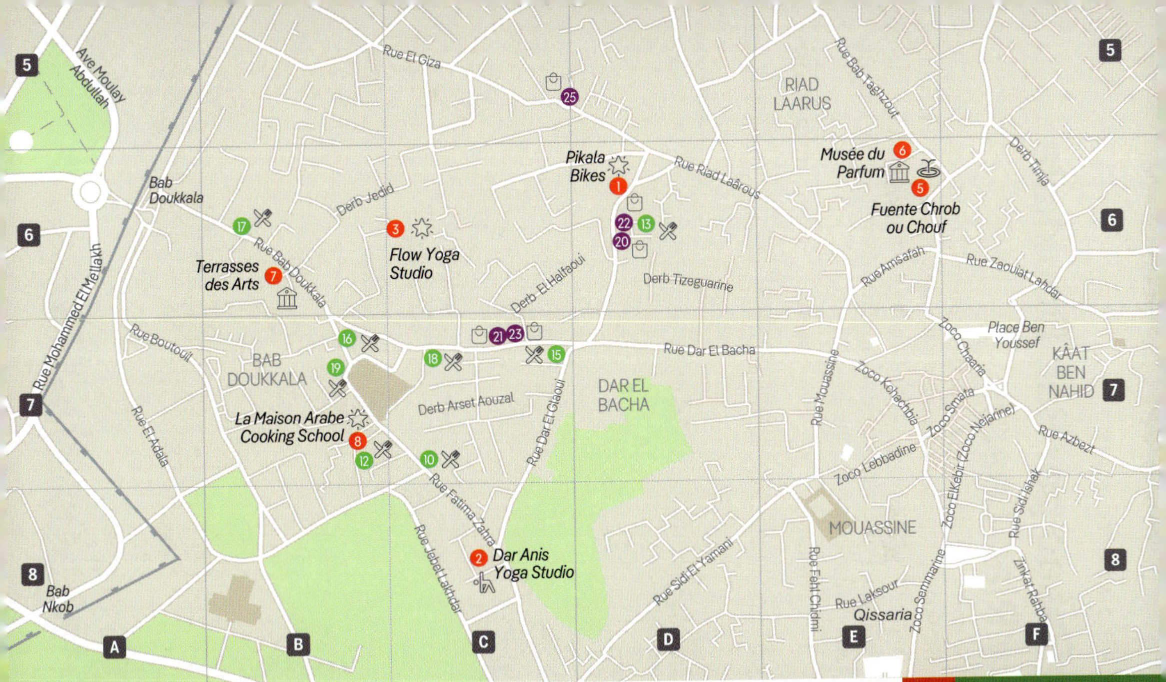

Rue El Giza
RIAD LAARUS
Rue Bab Taghzout
Musée du Parfum
6
5
Fuente Chrob ou Chouf
Derb Timja
Ave Moulay Abdullah
Bab Doukkala
Pikala Bikes
1
25
Rue Riad Laârous
22
13
20
Derb Jedid
3
Flow Yoga Studio
17
Terrasses des Arts
7
Rue Bab Doukkala
Derb Tizeguarine
Rue Amsafah
Rue Zaouiat Lahdar
Rue Mohammed El Mellakh
Derb El Halfaoui
21
23
Place Ben Youssef
KÂAT BEN NAHID
Rue Boutouil
16
18
15
Rue Dar El Bacha
BAB DOUKKALA
19
DAR EL BACHA
Zoco Chaaria
Zoco Kchachbia
Rue Mouassine
Derb Arset Aouzal
La Maison Arabe Cooking School
8
12
10
Rue Dar El Glaoui
Zoco Smata
Zoco Nejjarine
Rue Azbezt
Rue El Adala
Zoco Lebbadine
Zoco Elkebir (Zoco Nejjarine)
Rue Sidi Ishak
Rue Fatima Zahra
MOUASSINE
2
Dar Anis Yoga Studio
Rue Sidi El Yamani
Rue Jebel Lakhdar
Rue Feht Chidmi
Rue Laksour
Zoco Semmarine
Zinkat Rahba
Qissaria
Bab Nkob
A
B
C
D
E
F
5
6
7
8

CIRCUITO A PIE

Paseo por Bab Doukkala y Riad Laarus

Se entra por una imponente puerta en la bulliciosa Place Bab Doukkala, repleta de tiendas y puestos de comida. En ruta, se pasa por dos museos, varias tiendas de moda de ropa y menaje, así como por el mejor restaurante de Marrakech. Se termina en la curiosa fuente Chrab wa Chouf.

INICIO	FINAL	DURACIÓN
Bab Doukkala	Fuente Chrab wa Chouf	2 km; 1 h

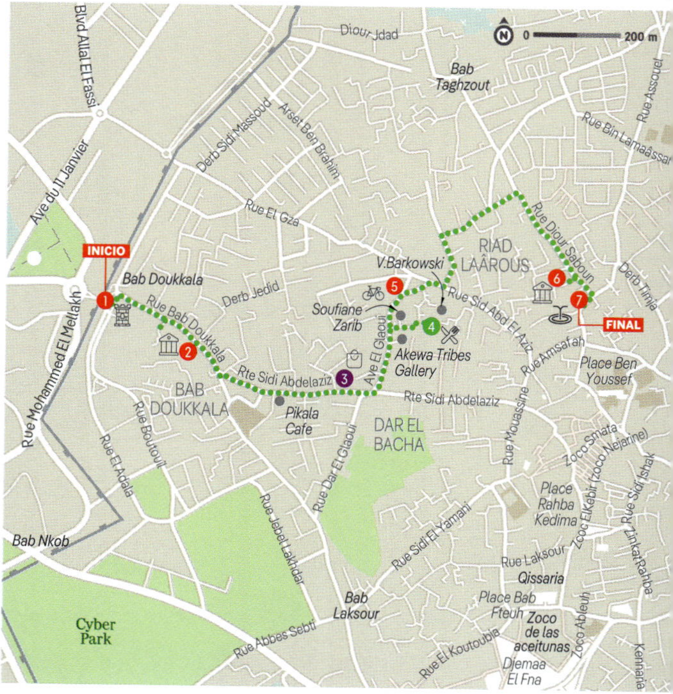

Puerta de la cabila Doukkala

b Doukkala es la puerta princi-
l de la medina noroccidental. El
saje en zig-zag del interior ofrecía
yor protección y evitaba que
visitante se saltara la alcabala.
igida hacia 1126, era la puerta
ncipal de la cabila Doukkala,
las llanuras entre Marrakech
'asablanca.

Arte bereber

inos 200 m se gira a la derecha
r Derb L'Hotel, hasta **Terrasses
s Arts** (p. 115) en el nº 34. Hay
e llamar al timbre para entrar
isitar este exquisito museo
joyas, alfombras, cerámica,
nas y tejidos amazig (bereber).
mbién hay una tienda y, arriba,
a galería de fotografía.

Calle comercial

retrocede, se gira a la derecha
e baja por Rue Bab Doukkala.
:00 m, la calle se bifurca; la mez-
ita de Bab Doukkala está más
elante, por el ramal derecho.
toma el izquierdo, por Rue Sidi
del Aziz, con buenas tiendas
l Pikala Café (p. 117), ideal para
:er una pausa. A unos 250 m hay
s excelentes tiendas de menaje
a izquierda, **Mustapha Blaoui**
117) y **V. Barkowski** (p. 117).

Fantástico restaurante
n jardín

el cruce se gira a la izquierda
r Ave El Glaoui. Se avanza 200 m
norte, pasando por interesantes
tiendas de diseño, como Akéwa Tribes Gallery (p. 117). Se toma la siguiente curva a la derecha por Derb Sidi Ali Ben Hamdouch, siguiendo sus giros hasta **Les Jardins du Lotus** (p. 116), una excelente parada para comer.

5 Sobre ruedas

Se retrocede hasta Ave El Glaoui y se gira a la izquierda. A la derecha está el maestro de alfombras Soufiane Zarib (p. 117); hay que llamar al timbre para entrar y admirar sus hermosas alfombras y elegantes artículos de menaje. Apenas 75 m más adelante está **Pikala Bikes** (p. 114), donde alquilan bicis.

6 Aromaterapia

Se cruza la plaza al noreste y se gira a la derecha por Rue El Gza, e inmediatamente a la izquierda por Trik Jazouli. Se sigue esta calle unos 140 m y se gira a la derecha por Rue Ank Jemel. Se avanza 200 m y luego se gira a la derecha por Rue Diour Saboun. Unos 250 m más adelante, se gira de nuevo a la derecha y aparece el **Musée du Parfum** (p. 115) a la derecha. Hay que reservar antes para crear un perfume propio.

7 Fuente Chrab wa Chouf

Al salir del museo, se retrocede hasta Rue Diour Saboun y se gira a la derecha. Unos 120 m más allá se ve la imponente **fuente Chrab wa Chouf** (p. 114) en el lado izquierdo.

EXPERIENCIAS

Activarse en Marrakech

CICLISMO Y YOGA

La organización sin ánimo de lucro fundada por holandeses **Pikala Bikes** (PLANO: 1 P. 110 **D6**; *pikalabikes.com; circuito 3 h adultos/niños 280/150 MAD*) es un proyecto comunitario que pretende popularizar el uso de la bicicleta entre los jóvenes marroquíes en detrimento de la moto. Los circuitos en bici salen de su garaje en Riad Laarus casi todas las mañanas a las 9.30 y tardes a las 15.00, e incluyen una pausa para tomar té en un callejón e interesante información cultural. Los beneficios se destinan a formar a jóvenes como mecánicos o guías turísticos profesionales.

PARADA PARA BEBER

La medina de Marrakech está salpicada de fuentes de agua, pero la **fuente Chrab wa Chouf** ("bebe y mira"; PLANO: 5 P. 110 **E6**), del s. XVI, reconocida por la Unesco todavía conserva parte de su antiguo esplendor, con un dintel de madera de cedro de intricadas tallas. A diferencia de muchas otras, aún se usa y es habitual ver a gente detenerse para beber y admirar su belleza. Unos canales subterráneos abastecen la fuente de agua del mismo modo que la madraza Ben Youssef y Le Jardin Secret.

Dar Anis Yoga Studio (PLANO: P. 110 **C8**; *marrakechyogastudio.com, clase 200 MAD*) ofrece clases diar sin cita previa en un delicioso *ria* El patio embaldosado, el salón co aire acondicionado y el tejado de terracota brindan el entorno idea para *flow* yoga, meditación con baño de sonidos y un reparador yoga *sound-moves*. También ofre un retiro de bienestar de medio d que incluye una clase de yoga, un masaje relajante de 1 h y un almuerzo saludable por 95 €.

Las clases semanales de *vinyas flow* yoga y las sesiones individuales y grupales se imparten en el **Flow Yoga Studio** (PLANO: 3 P. 110 *theflowyogastudio.com; clase 25 €* ubicado en Riad BE. También realizan cursos a domicilio. Hay que reservar con antelación.

Artesanía interactiva en el Fonoun Zawya Arts & Craf Cultural Center

CURSOS DE ARTESA

PLANO: 4 P. 110 **D3**

En una adorable plaza cerca de Si Bel Abbes Zawiya, en una zona n turística de la medina, el **Fonoun Zawya Arts & Crafts Cultural Center** (*zawyaty.com; cursos de 2½-4 h 350-500 MAD*) ofrece clas por la mañana y por la tarde presenta a los estudiantes locales a l *mâalems* (maestros artesanos) si coste para que se interesen por la artesanía. Se puede crear una joy de metal, una baldosa de *zellige* (mosaico), una escultura de made n monedero de piel, seguido un almuerzo bufé en la azotea 0 MAD extra).

ıceres olfativos el Musée du Parfum MUSEO

NO: 6 P. 110 E6

ırruecos produce algunos de los jores aceites esenciales de rosa de masco, por lo que no es de extra- que toda una sala del **Musée Parfum** *(Museo del Perfume; ben ıabane.com/lemuseeduparfum; ultos/niños 50 MAD/gratis)* esté licada a sus delicados pétalos. as salas ilustran los rituales del *ımmam*, los beneficios cosméticos aceite de argán e higo chumbo, y papel de la aromaterapia, las hier- y especias en la cultura marro- . Los apasionados de los aromas eden crear su propio perfume en excelente bar de perfumes, o in- so participar en un taller privado a crear una fragancia personal ı la ayuda del director del museo sde 1200 MAD). El sombreado io del café es un lugar tranquilo a tomar un té.

te amazig en rrasses des Arts MUSEO

NO: 7 P. 110 B6

rrasses des Arts *(lesterrassesdes s.ma; museo gratis)*, exquisita- nte amueblado, tiene tres niveles. la planta baja hay un amplio ıseo seleccionado por la familia ıskri de antigüedades bereberes no alfombras, tejidos, cerámica, as y armas. La 1ª planta es una ga- ía de fotografía sobre arquitectura, personas y lugares de la medina, y en la planta baja y la terraza de la azotea un elegante restaurante sirve platos marroquíes e internacionales.

Cocina marroquí en la escuela de cocina La Maison Arabe CLASE DE COCINA

PLANO: 8 P. 110 B7

En **la escuela de cocina La Maison Arabe** *(cenizaro.com; curso de medio día 600 MAD)* de este excelente hotel de la medina, imparten cursos de cocina marroquí en modernas cocinas con pantalla en cada estación, tanto en el hotel como en su bucólico Country Club en las afueras. Ofrecen varios cursos, desde uno de medio día a intensivos de cinco días, o de cocina judía sefardí marroquí. En el de 3½ h, se elabora un entrante y un plato principal y se ve una demostración de postres antes de almorzar. Para los que tienen poco tiempo, también hay un curso exprés de 1 h.

Zoco El Khemis, un inmenso mercadillo MERCADO

PLANO: 9 P. 110 E1

En el extremo norte de la medina, el **zoco El Khemis** es un extenso mercado que vende casi de todo. Las tiendas más interesantes están en el lado este, en el **mercado de puertas marroquíes** (p. 117). Venden puertas de cedro macizo que antes decoraban el patio de palacios, baúles de madera pintados del Rif o puertas de granero talladas del sur, además de objetos más pequeños. Es fascinante para buscadores de tesoros.

SUGERENCIAS

Lo mejor para...

Localizaciones en el plano de la p. 110

€ Económico €€ Precio medio €€€ Precio alto

Comer

Alta cocina

Naama €€€
10 C7
Parte del Riad 72, su arquitectura, diseño y decoración están a la par de la estupenda comida tradicional y moderna que el chef Aniss Meskierb prepara en su parrilla con pan tradicional *tafarnout*, cocido en el horno de la azotea. Se recomienda compartir un tiramisú de postre. *naamamarrakech.com; 12.00-23.00 ma-do*

Dar Zellij €€€
11 D4
En un *riad* del s. XVII, el entorno es imbatible para una cena romántica. Ofrece una carta tradicional con excelentes platos de autor. Hay danza del vientre los jueves y domingos. *darzellij.com; 12.00-4.00 mi-lu*

La Maison Arabe €€€
12 B7
Cena a la luz de las velas, junto a la piscina o en uno de los salones formales revestidos de madera, con música clásica andalusí en vivo de fondo. Los vinos locales acompañan la carta de platos internacionales y refinados clásicos marroquíes. Para completar el festín, un tiramisú de *amlou* (manteca de nuez de argán). *lamaisonarabe.com; 12.00-23.00*

Tradicional marroquí y mediterránea

Les Jardins du Lotus €€€
13 D6
En un *riad* con un hermoso jardín arbolado, la fragancia dominante resulta abrumadora. De noche es el lugar de moda, cuando se llena y pincha un DJ. Hay servicio de cena a las 19.00, 21.00 y 23.00, con platos dignos de Instagram. *@lesjardinsdulotus; 12.00-2.00*

Noujoum €€€
14 C4
Este elegante bar y restaurante en una azotea ofrece una carta de platos pequeños y grandes para compartir, basados en productos locales, que combinan comida tradicional con un toque mediterráneo. Forma parte de un elegante *riad*, Dar Izza. *izza.com/food-and-drink; 12.00-22.00*

Dar Moha €€€
15 C7
Situado en la antigua casa del modisto Pierre Balmain y capitaneado p el famoso chef Mohame 'Moha' Fedal, es un lugar memorable. Sirve platos clásicos locales actualiz dos alrededor de una gra piscina rodeada de viejo árboles. El menú de cena es un espectáculo de cir platos. *darmoha.ma; 11.00-16.00 y 19.30-24.0*

Cocina económica

Zaman Food €
16 B7
Servicio amable en este sencillo restaurante que sirve clásicos marroquíe y una selección de tacos paninis. Junto a la mezq de Doukkala, se puede comer al nivel de calle o la terraza con magníficas vistas. *@zaman_food_; 7.00-24.00*

Snack Friture de Poisson €
17 B6
Este lugar triunfa con su pescado frito, calamares surtido de marisco, ensa

a, patatas chips y pan, la
ión más económica de la
dina. Se echa un chorro
nayonesa o kétchup y
omer! *9.30-23.00*

ala Café

C7

eríntico café de aire
ico, hermosas sillas
uesa y cojines naranja.
e las veces de espacio
oworking, y ofrece
sica en vivo cada
ana. Ensalza los buenos
ductos con una carta
cipalmente vegetariana
gana, y muchos zumos y
*pikalabikes.com; 9.00-
0 do-mi, hasta 21.30 ju-sa*

que Jamaa

B7

tranquilo café tiene
terraza delantera con
brillas de paja y una
nsa carta de zumos, de
ocotón a fresa, y agua-
con almendra, además
bundantes desayunos
a honesta carta de
icos marroquíes,
burguesas y paninis.
gue_jamaa; 8.30-24.00

omprar

a de diseño

wa Tribes Gallery

D6

pequeña filial
a sucursal en Riad
Zitoun El Kedim (p. 61), vende elegante ropa de caballero y señora hecha con tejidos de África occidental. La producción es totalmente ética y también tiene accesorios como bolsos de mano y artículos del hogar como cojines. *akewa-tribes.com; 10.00-19.00*

Menaje

Mustapha Blaoui

21 C7

Oculto tras una discreta puerta de madera sin señalizar, este gran emporio ofrece una experiencia de compra tranquila con varias salas rebosantes de todo tipo de objetos, desde cojines y alfombras a mesas y teteras. *maisonblaoui.ma; 10.00-19.30*

Soufiane Zarib

22 D6

Compra su propia lana y emplea a tejedores para producir alfombras de estilo claramente marroquí con sus propios diseños. Hay que llamar al timbre para entrar y curiosear entre alfombras, cerámica y muebles seleccionados a mano. *soufiane-zarib.com; 8.30-19.30 lu-sa*

V. Barkowski

23 C7

Vende toallas de gran calidad de colores neutros con borlas de vivos colores, bolsas de piel hechas a mano y batas de algodón inspiradas en la chilaba marroquí. *valerie-barkowski.com; 9.30-13.30 y 15.00-19.00*

Mercado de puertas marroquíes

24 F1

Las tiendas más interesantes del inmenso zoco El Khemis en el extremo norte de la medina están en este mercado, en el lado este, ideales si se quiere amueblar un *riad* o se buscan tesoros. Jueves y domingo son los mejores días. *Sa-ju*

Al Kawtar

25 C5

Esta cooperativa sin ánimo de lucro forma a mujeres con discapacidad en el arte del bordado, y vende magníficos artículos del hogar que combinan costura tradicional con colores neutros, como hermosas sábanas y manteles; los beneficios se destinan a una buena causa. *alkawtarcoop.wordpress.com; 10.00-19.00*

Sugerencias
de lugares para
comer, beber
y comprar
en **p. 137**

:xplora
ɜueliz y la Ville Nouvelle

.a medina luce una impronta medieval, Gueliz es todo glamur, ı un aire de la década de 1930. El corazón de la Ville Nouvelle ıe anchos bulevares, muchos parques y modernos bloques de os, pero las villas, hoteles y cines *art déco* franceses originales án desapareciendo rápidamente. Numerosas galerías presentan rtistas contemporáneos, los chefs utilizan excelentes productos ales para proponer una moderna cocina marroquí, y abundan cafeterías. El sublime Jardin Majorelle y el deslumbrante ısée Yves Saint Laurent Marrakech están al noreste de Gueliz. .s al norte, la zona de Sidi Ghanem concentra tiendas de diseño ı Palmeraie ofrece museos de arte en grandes jardines.

ɔmo desplazarse

A pie

.de la medina hay que caminar 30 min. /ille Nouvelle es llana y fácil de recorrer e.

Taxi

ɒetit taxi de la medina a Gueliz cuesta s 15 MAD. De la medina al Jardin Majorelle Musée YSL, unos 25 MAD. Regresar medina es más caro: los taxis esperan :a y cobran como mínimo 50 MAD.

Autobús

° 1 va de Arset El Bilk, en la medina, ueliz; también se puede ir en *calèche* :he de caballos).

lin Majorelle (p. 122).
ɅINSRKS/SHUTTERSTOCK

★

LO MEJOR

JARDÍN
Jardin Majorelle (p. 122)

MUSEO
Musée Yves Saint Laurent Marrakech (p. 127)

RECUERDO
Lata de pintura azul Majorelle de la librería del Jardin Majorelle (p. 125)

RESTAURANTE
Farmers (p. 137)

ARQUITECTURA 'ART DÉCO'
Comptoir des Mines Galerie (p. 136)

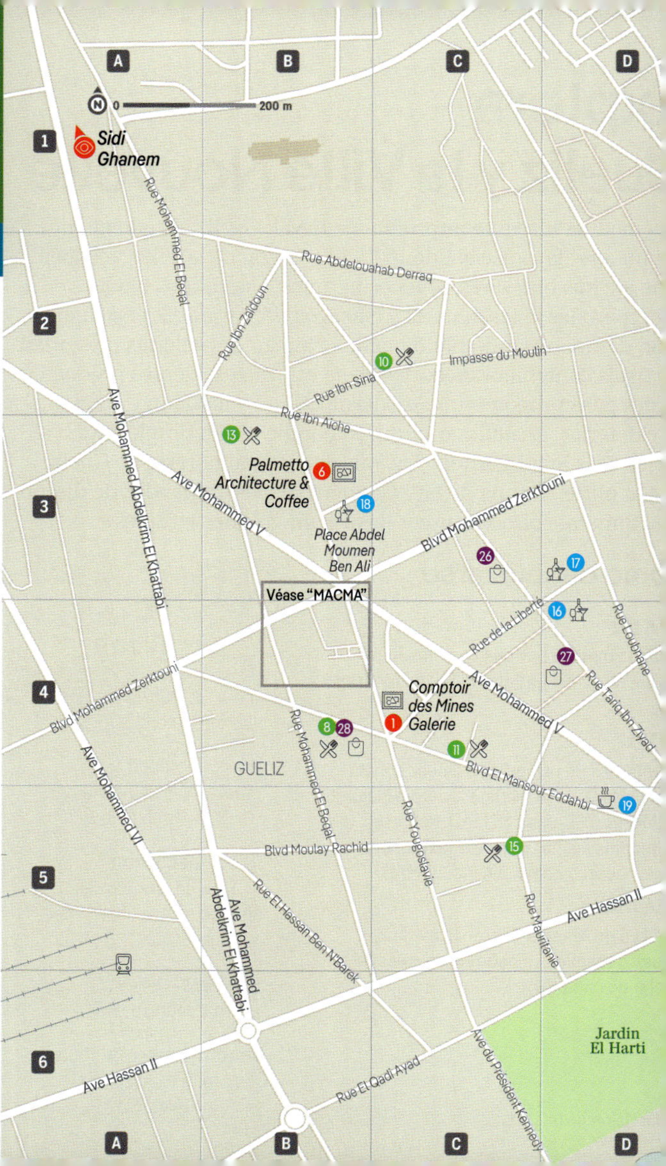
A
B
C
D
0
200 m
1
2
3
4
5
6
Sidi Ghanem
Rue Mohammed El Beqal
Rue Abdelouahab Derraq
Rue Ibn Zaidoun
Impasse du Moulin
10
Rue Ibn Sina
Rue Ibn Aicha
13
Palmetto Architecture & Coffee
6
18
Place Abdel Moumen Ben Ali
Ave Mohammed V
Ave Mohammed Abdelkrim El Khattabi
Blvd Mohammed Zerktouni
26
17
16
Rue de la Liberté
27
Rue Loubnane
Rue Tariq Ibn Ziyad
Véase "MACMA"
Blvd Mohammed Zerktouni
Comptoir des Mines Galerie
1
8
28
11
Ave Mohammed V
GUELIZ
Rue Mohammed El Beqal
Ave Mohammed VI
Blvd El Mansour Eddahbi
19
Rue Yougoslavie
Blvd Moulay Rachid
15
Rue El Hassan Ben N'Barek
Ave Mohammed Abdelkrim El Khattabi
Rue Mauritanie
Ave Hassan II
Jardin El Harti
Ave du Président Kennedy
Rue El Qadi Ayad
Ave Hassan II

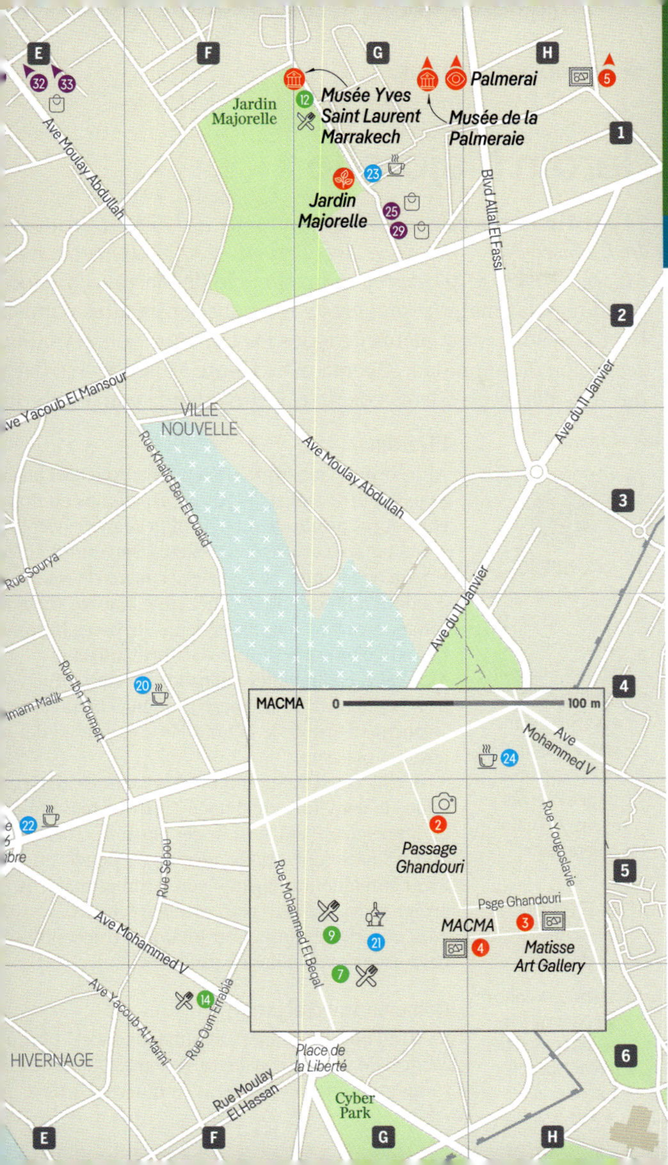
E
F
G
H
32
33
Jardin Majorelle
Musée Yves Saint Laurent Marrakech
12
Palmerai
Musée de la Palmeraie
5
1
23
Jardin Majorelle
25
29
Ave Moulay Abdullah
Blvd Allal El Fassi
2
Ave Yacoub El Mansour
VILLE NOUVELLE
Ave du 11 Janvier
Rue Khalid Ben El Oualid
Ave Moulay Abdullah
3
Rue Sourya
Ave du 11 Janvier
4
20
Rue Ibn Toumert
Imam Malik
MACMA
0
100 m
Ave Mohammed V
24
2
Passage Ghandouri
Rue Yougoslavie
22
Rue Sebou
5
Psge Ghandouri
MACMA
3
Rue Mohammed El Beqal
9
21
4
Matisse Art Gallery
7
Ave Mohammed V
14
Ave Yacoub Al Marini
Rue Oum Errabia
6
HIVERNAGE
Place de la Liberté
Rue Moulay El Hassan
Cyber Park
E
F
G
H

★ IMPRESCINDIBLE

Jardin Majorelle

El **Jardin Majorelle** *(adultos/menores de 10 150 MAD/gratis, incl. Musée Pierre Bergé des Arts Berbères 230 MAD/gratis, incl. Musée YSL 330 MAD/gratis)* es un símbolo de Marrakech. A pes de su popularidad, sus senderos y estanques entre altas palmer bambú susurrante y cactus de todos los tamaños, conserva una sensación de serenidad. Alberga el excelente Musée Pierre Berg des Arts Berbères, además de un café, una tienda y una librería

PLANO P. 120 **G1**

CONSEJO
Las entradas, con horario concreto, solo se venden en línea. El Jardin Majorelle abre a las 8.30; conviene ir lo más pronto posible para evitar las masas y el calor veraniego.

Escanea este código QR para ver los horarios completos y reservar con antelación.

El jardín

Al recorrer el laberinto de senderos rojos del jardí se pasa entre espigadas palmeras, plantas en flor, corredores de alto bambú, prolífica fauna avícola y una notable colección de cactus, separados entr sí para poder apreciar cada espécimen. Un riachue conduce a un estanque reflectante bajo un elegan cenador, y otros estanques llenos de peces (foto). Los edificios están pintados de brillante azul Majorelle, con detalles amarillos. Es cierto que hay muchos visitantes, pero si se elige bien la hor se puede disfrutar de la luz y la tranquilidad del jardín a placer.

Recibe cerca de un millón de visitantes al año, lo que lo convierte en el lugar turístico más popul de Marruecos. Está lejos de ser el pacífico oasis que era hace una década, pero sigue siendo un lugar sumamente elegante con jardines mágicos, arquitectura *art déco* y un excelente museo.

El jardín y el museo son totalmente accesibles para usuarios de sillas de ruedas.

Cómo se salvó el jardín

Se abrió por vez primera al público en 1947 porqu Jacques Majorelle consideraba demasiado costoso su mantenimiento, pero tras su muerte en 1962

LIZAVETTA/SHUTTERSTOCK

edó abandonado, hasta que Yves Saint Laurent 'ierre Bergé decidieron salvarlo.

El modisto francés y su compañero tenían una ;a en Marrakech y les encantaba visitar el jardín. ando se enteraron de que iba a urbanizarse, npraron la propiedad en 1980 e hicieron de Villa sis su hogar. Desde entonces, el jardín se ha res- ırado y se han añadido muchas nuevas plantas.

pecies de plantas

jardín acoge más de 300 especies de plantas de ıco continentes, la mayoría reunidas por Jacques ıjorelle durante varias décadas de viajes por mundo.

Los botánicos en ciernes estarán en el séptimo lo, pero es un lugar maravilloso para todo el ındo. Letreros puntuales incluyen ilustraciones

ENTRADAS COMBINADAS

La entrada combinada para el Jardin Majorelle, el Musée Pierre Bergé des Arts Berbères y el Musée Yves Saint Laurent es más ventajosa. La visita al jardín tiene una hora concreta y se visita primero.

UNA PAUSA
El **Café Majorelle** (foto) está en un edificio inspirado en las casbas del Alto Atlas. Tiene pequeños salones con chimenea y un patio interior con naranjos y buganvillas blancas.

útiles que ayudan a identificarlo todo, desde el aga mexicano a las palmeras chinas de abanico o las palmeras datileras del norte de África. Un equipo d 19 jardineros trabaja de sol a sol cuidando las plan tas y los estanques, y ejecutando nuevos proyectos

Jardines de Villa Oasis

En el 2018, los jardines de **Villa Oasis** abrieron al público por primera vez. Se accede por un send ro cubierto de magníficas buganvillas y, en compa ración con los principales, son probablemente los más suntuosos y fascinantes, y hacen el complejo aún más atractivo.

Musée Pierre Bergé des Arts Berbères

El antiguo estudio de Jacques Majorelle, en el jardín, es ahora el encantador **Musée Pierre Bergé des Arts Berbères** (Museo Pierre Bergé de Artes Bereberes), con cuatro salas que exhiben cultura

POSZTOS/SHUTTERSTOCK

azig del Rif hasta el Sáhara. Se muestran sus téc-
as tradicionales y artesanía en piel, cerámica, ma-
·a, metalistería y cestería, junto a excepcionales
as de plata con piedras preciosas que denotan la
ntidad de cada cabila y la riqueza de las mujeres.
estudian los tejidos, ropa, accesorios, alfombras
núsica, todo explicado a través de fotografías,
ículas, audios y música.

mpras

ıto al museo, la **librería** presenta hermosos
·os ilustrados de gran formato sobre plantas
ırdines publicados por la fundación Majorelle,
como otros libros sobre Marruecos. También
una tienda que vende postales románticas de
L, elegantes accesorios, latas de pintura azul
·a tener un tiesto de la característica tonalidad
casa, y tés de **Moroccan Botanist** (p. 78).

numento a Yves Saint Laurent

o de los lugares más populares del jardín es el
numento conmemorativo. Está junto al muro
sero, frente a la entrada/salida de los jardines.
ıno se abstrae del gentío, es un lugar emotivo.
ısta de una antigua columna romana que Yves
nt Laurent y Pierre Bergé encontraron en una
ya de Tánger. Bergé fue añadido al monumento
s fallecer en la Provenza, Francia, en el 2017.

uién fue Jacques Majorelle?

itado por el gobernador francés, general Lyautey,
oven pintor orientalista Jacques Majorelle quedó
cinado por los paisajes, la luz y el exotismo de
ırruecos. En 1924 compró un terreno en las afue-
de Marrakech y construyó su casa familiar entre
meras y álamos. La casa se pintó en el vivo color
ahora se conoce como azul Majorelle, inspirado
los intensos cielos de Marruecos, el tono azul de
baldosas tradicionales marroquíes y las llamati-
túnicas azules de los tuaregs del Sáhara.

TIEMPO SUFICIENTE

Hay que contar medio día para verlo todo: al menos 1½ h paseando por el jardín y luego, el Museo de Artes Bereberes, un poco más para curiosear en la tienda y sentarse en el Café Majorelle. Para el museo YSL hay que prever 1 h, y también tiene tienda y restaurante. Además, hay excelentes tiendas de diseño por Rue Yves Saint Laurent de camino al jardín.

ALEXANDER_MAGNUM/SHUTTERSTOCK

MERCADO
Los sábados hay un **mercado** *(10.00-14.00)* en el jardín, organizado por la Fundación Majorelle y RIAM (Red de Iniciativas Agroecológicas de Marruecos) que venden productos frescos de cultivo ecológico.

Durante casi 40 años, Majorelle pintó, particip en proyectos arquitectónicos como el **Hotel La Mamounia** (p. 56), formó una familia y plantó s jardín de especies exóticas de todo el mundo. Do de sus grandes pinturas de Marrakech se exhiber en el **Musée du Patrimoine Immatériel** (p. 47) en Yamaa el Fna.

Fundación Majorelle

Esta fundación sin ánimo de lucro fue creada en el 2001 por Yves Saint Laurent, Pierre Bergé y Ma dison Cox para salvaguardar el Jardin Majorelle, el Musée Pierre Bergé des Arts Berbères y el Mus Yves Saint Laurent Marrakech. Ofrece formación sobre temas relacionados con la jardinería y servicios de conservación museística, finanza becas, ofrece subvenciones a instituciones culturales y educativas, y organiza actos científicos y cultural

˙ IMPRESCINDIBLE

1usée Yves Saint aurent Marrakech

r de cerca el vestido Mondrian, *le smoking,* la sahariana y ıcho más es posible en este excelente **museo** *(adultos/niños) MAD/gratis, con el Jardin Majorelle y el Musée Pierre Bergé s Arts Berbères adultos/niños 330 MAD/gratis).* Cincuenta ɛzas escogidas de la colección de Yves Saint Laurent ofrecen ıa original visión de la obra del diseñador de moda y ȝaltan su atracción por los colores de Marrakech.

NO P. 120 **G1**

quitectura premiada

primero que llama la atención al llegar al museo la notable arquitectura del edificio: los ladrillos de racota son de fabricación local, del tono ocre roji- de Marrakech. Forman una fachada estilo celosía ɛ representa la trama y la urdimbre de los hilos, ontrasta con la base lisa de la fachada, como un ɛaje combinado con seda. Las líneas curvas y ·tas del edificio recuerdan los pliegues del tejido. ierto en el 2017 en homenaje al modisto que tanto ıaba Marrakech, el museo ha ganado premios por arquitectura.

En el interior se aprecia un gran contraste, con un ıbado suave y sedoso que pretende complementar ɛxterior como si fuese el forro de una chaqueta de a costura.

El museo, diseñado por Studio KO, fue idea del mpañero de Yves Saint Laurent, Pierre Bergé ·30-2017), que quiso crear un almacén de la obra diseñador de moda que fuese "profundamente ırroquí". Para tal fin, el edificio se diseñó sin venta- s al exterior, para emular los *riads* tradicionales.

CONSEJO
Las entradas combinadas para el Jardin Majorelle, el Musée Pierre Bergé des Arts Berbères y el Musée YSL deben comprarse en línea al menos un día antes. El Musée YSL cierra los miércoles.

Escanea este código QR para ver horarios de apertura y detalles de exposiciones temporales.

MATTES RENÉ/HEMIS.FR/ALAMY STOCK PHOTO

UNA PAUSA

My Kawa (p. 139; foto), en Rue Yves Saint Laurent, es el lugar perfecto para tomar un café o un helado tras visitar el museo y antes de recorrer las tiendas de moda de esta calle.

Patios

Como una casa de la medina, los patios interiore son un elemento integral del diseño del museo. El primero es un impresionante paso circular que transita entre la entrada y los espacios de exposición. Aquí hay una serie de vitrales que rememoran la obra del artista francés Henri Ma- tisse, que tuvo gran influencia en los diseños de YSL. El segundo patio es el corazón del edificio, una sala cuadrada cubierta de *zellige* (mosaicos) y un gigantesco plato circular que recoge la lluvia. El uso del verde es significativo, ya que es muy apreciado tanto en la cultura bereber como en la islámica.

Exposición principal

La historia de amor de Yves Saint Laurent y Marrakech comenzó 1966; al final de su primer sita, había adquirido la escritura de una casa ı la medina. El diseñador de moda francés nado en Argelia (1936-2008) quedó fascinado por arte y los colores de Marruecos, que siguieron ıspirándole a lo largo de su vida.

El centro del museo es la **sala Yves Saint aurent,** que alberga una exposición permanen- de sus bocetos, moda de alta costura en rota- ón y accesorios de distintos colores. El fondo es ɔtalmente negro (un color clave en sus diseños), que crea un oscuro envoltorio solo atravesado or vídeos de desfiles y grabaciones donde habla diseñador.

En la pared de la derecha según se entra, la ɩposición empieza con una biografía de Yves aint Laurent formada por objetos personales, ɔmo una carta que envió al jefe de redacción

BIBLIOTECA
Con cita previa, los estudiosos pueden acceder a la biblioteca de investigación, que cuenta con unos 6000 libros sobre el pueblo bereber (amazig), la historia de Marruecos, artes tradicionales...

FMILANO_PHOTOGRAPHY/SHUTTERSTOCK

PROYECCIONES
El **auditorio Pierre Bergé,** con un aforo para 150 personas, proyecta películas, alberga recitales y emisiones en directo de la Ópera de París, además de ser escenario del **Festival Internacional de Cine de Marrakech,** en noviembre. Se puede consultar el calendario en el sitio web. En el vestíbulo del teatro hay ilustraciones de moda de Yves Saint Laurent de las producciones de teatro, cine, cabaré y *ballet* en las que trabajó.

de la revista francesa *Vogue,* Michel de Brunhoff en junio de 1954, a los 17 años.

Entre bastidores, las colecciones se conservan meticulosamente con tecnología de última generación en el sótano. La colección es propiedad de la Fundación Pierre Bergé-Yves Saint Laurent y también se exhibe en el Musée Yves Saint Laurent de París.

Más espacio de exposición

En una sala adyacente separada, se organizan exposiciones temporales de artistas internacionales, que cambian dos o tres veces al año, sobre temas como diseño contemporáneo, arte, moda, antropología y botánica. La web del Musée YSL *(museeyslmarrakech.com)* ofrece información sobre futuras exposiciones.

Café Le Studio

Si apetece una pausa tras pasear por el jardín y visitar el museo YSL, **Café Le Studio** (p. 137) es inspirado en el espacio de trabajo de Yves Saint Laurent en el nº 5 de Ave Monceau, París, decorado con algunos de sus bocetos de moda. Con detalles amarillos, es un espacio luminoso y diáfano que se abre a un patio con plantas y un agradable estanque azul. El chef utiliza ingredientes de la región de Marrakech y productos del mercado agrícola de cultivo ecológico que se organiza en el Jardin Majorelle el sábado por la mañana. Hay que reservar con antelación. Solo se puede acceder con la entrada al museo.

Afueras de Marrakech

ale la pena pasar un día en la **Palmeraie** (palmeral) y
sitar el maravilloso Museo del Agua y otros museos de arte
ontemporáneo situados en exuberantes jardines.

Los amantes del diseño contemporáneo y la decoración interior
ueden dirigirse a la zona industrial de **Sidi Ghanem** *(sidi-gha
em.com)*, que ofrece una buena visión general del diseño marroquí.

ANO P. 120 **A1 Y G1**

rtículos de diseño en Sidi Ghanem

ste barrio industrial se encuentra a unos 20 min
n coche al noroeste de la ciudad. Aunque pueda
arecer poco atractivo, acoge a docenas de
iseñadores de interiores y artistas con sus salas
e exposiciones. Aquí se encuentran el artista
ontemporáneo Hassan Hajjaj y su curioso salón
e té, el diseñador LRNCE y tiendas de muebles
artículos de menaje como Chabi Chic.

Los precios son fijos y aceptan tarjetas de crédi-
o, más fácil que regatear en los zocos. Se puede ir
n un *grand taxi* y pasar al menos medio día. Hay
arios cafés para recobrar fuerzas tras las compras.

Museos de arte de la Palmeraie

n un extenso jardín andalusí con casas de adobe,
l **Musée de la Palmeraie** *(benchaabane.com/
musee_palmeraie; adultos/niños 50 MAD/
ratis)* muestra una excepcional colección de
otografía, pintura y escultura. Sus acuarelas,
ibujos, grabados y óleos del s. xx de artistas
ocales como Hicham Benohoud, Abderrahim
qbi y Larbi Cherkaoui, tienen una fuerza espe-
ial y muestran su inspiración en la vida marro-
uí y la cultura islámica.

CONSEJO
Se puede contratar un *grand taxi* o un conductor privado y dedicar al menos medio día a Sidi Ghanem o la Palmeraie.

PLANO DE SIDI GHANEM
En las tiendas disponen de un práctico plano de esta extensa zona, con la ubicación numerada de cada tienda, o se puede consultar la web *(sidi-ghanem.com)*.

CELIACHEN/SHUTTERSTOCK

AVENTURA POR LIBRE
Se puede explorar la zona por cuenta propia con **Marrakech Green Wheels** *(marrakech greenwheels.com)*, que ofrece circuitos en bici, o con **Insiders Experience** que alquila motos *vintage* con sidecar *(insiders experience.com)*.

Farid Belkahia (1934-2014) fue una de las figuras más destacadas del arte marroquí del s. xx. El **Musée Farid Belkahia** *(fondation faridbelkahia.com; adultos/niños 50/30 MAD)*, ubicado en la antigua villa del artista, exhibe una selección de sus obras, incluidas algunas piezas multimedia, por las que era famoso. Para llegar, hay que seguir las indicaciones del Musée de la Palmeraie.

En el exuberante Al Maaden Golf Resort, 6 km al sureste de la medina, el elegante **Musée d'Art Contemporain Africain Al Maaden** *(macaal.org; adultos/niños 70 MAD/gratis)*, privado, pero sin ánimo de lucro, promueve el arte africano a través de exposiciones, residencias y programas educativos. El edificio se encuentra en un parque de esculturas monumentales.

luseo del Agua

u nombre real es **Musée Mohammed VI our la Civilisation de l'Eau au Maroc** *(watermu ;ums.net/network/museum-of-the-water-civili ation-in-morocco-mohammed-vi; adultos/niños 5/10 MAD)* y es un espléndido museo que bien erece medio día de visita, dado que el agua es n bien escaso en Marruecos. Consigue combinar encia, historia y geografía en una divertida expe- encia en un hermoso entorno.

Forma parte de la red global de museos del agua e la Unesco. En la entrada hay estanques y fuen- s, además de una gran noria de madera como s de Fez.

Alrededor del museo hay un parque de 3 Ha edicado a restaurar los palmerales.

UNA PAUSA
Aunque en Sidi Ghanem hay algunos cafés, en los museos no hay mucha oferta; es recomendable llevar provisiones.

PARKERSPICS/SHUTTERSTOCK

CIRCUITO A PIE

Paseo por Gueliz y la Ville Nouvelle

Un agradable paseo por Gueliz descubre las galerías de arte y antiguos edificios *art déco* de la Ville Nouvelle, antes de que estas últimas reliquias también desaparezcan. Comptoir des Mines es una joya singular. Esta vibrante zona bulle de arte contemporáneo, tiendas y excelentes restaurantes.

INICIO	FINAL	DURACIÓN
Passage Ghandouri, Rue Yougoslavie	Grand Café de la Poste, Gueliz	850 m; 30 min

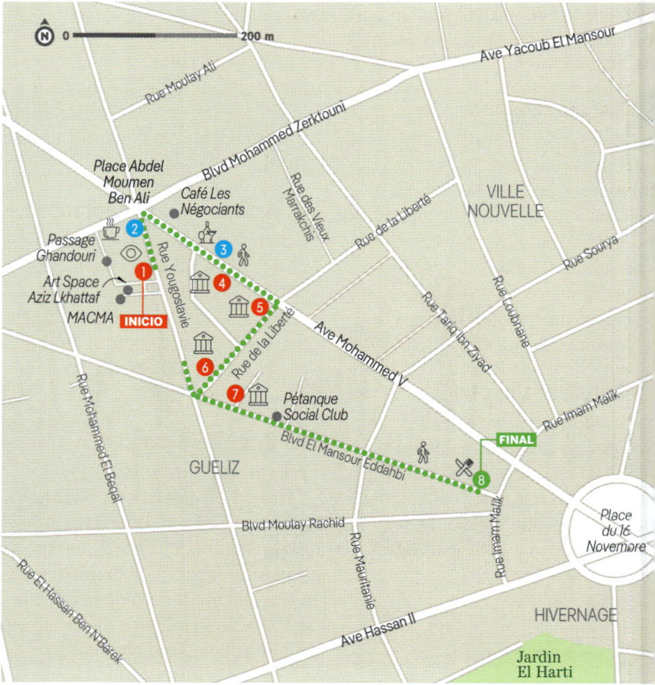

1 Pequeño pero artístico entro comercial

n el **Passage Ghandouri** (p. 136) e Rue Yougoslavie se puede visitar rt Space Aziz Lkhattaf, Matis- Art Gallery, MACMA y otras alerías. Además de un registro otográfico sobre la vida marroquí, MACMA también alberga obras del Museo Orientalista, ahora cerrado.

2 Cafés 'art déco'

l salir del pasaje, se camina norte 150 m hasta la rotonda, on refinados edificios *art déco* ntiguos: el **Café Atlas** (p. 139) stá a la izquierda y el Café es Négociants a la derecha.

3 Bar clandestino

esde el Café Atlas, se toma primera a la derecha por Ave Mohammed V. Tras 130 m se ve Hôtel Nassim a la derecha. No e detecta desde fuera, pero, en la planta, el **Chesterfield Pub** es n bar típico de la década de 1930, on paneles de madera de nogal elementos de diseño cubista.

4 Fotografía contemporánea

penas 30 m más adelante, se ube por una otrora majestuosa scalinata a **Gallery 127** en la planta, un apartamento *art déco* ue ahora es un espacio de arte in- ustrial-chic que exhibe fotografía ontemporánea.

5 Galería propiedad de un artista

Al salir de la galería, se sigue al sureste 60 m hasta la esquina y se gira a la derecha por Rue de la Liberté, donde se halla la **Habib Kibari Gallery.**

6 Joya del 'art déco'

Se continúa por esta calle 160 m más hasta la esquina y se gira a la derecha por Rue Yougoslavie. **Comptoir des Mines Galerie** (p. 136) domina la esquina en un edificio *art déco* que exhibe arte de toda África. Este edificio luce lujosos detalles *art déco* como suelos de terrazo, puertas de madera y exquisitas lámparas. El programa Majaz apoya a artistas emergentes en la organización de su primera exposición en solitario.

7 Artistas contemporáneos

Se camina al sureste por Blvd. El Mansour Eddahbi unos 70 m hasta **Loft Art Gallery.** Justo al lado está el club de petanca de la época francesa, ahora un restaurante, Pétanque Social Club, (p. 137) oculto tras una gastada puerta azul a la izquierda.

8 Gran vieja dama

En la misma dirección, a 300 m, se gira a la izquierda en el cruce, y el **Grand Café de la Poste** (p. 138) queda a mano izquierda. Es un excelente ejemplo de la arquitectura e interior *art déco* de la década de 1920. Es ideal para disfrutar de un almuerzo y una copa de vino.

EXPERIENCIAS

Ver arte africano en Comptoir des Mines Galerie — GALERÍA DE ARTE

PLANO: 1 P. 120 **C4**

La obra de varios artistas marroquíes modernos se expone en las tres plantas de este edificio de 1932, **Comptoir des Mines Galerie** *(cmgmarrakech.com)*. La galería apoya a artistas emergentes y organiza grandes instalaciones en el local adyacente, llamado Hangar. El edificio, en una esquina prominente, era la antigua sede de una compañía minera y merece una visita por sí solo para ver sus espectaculares suelos de terrazo, puertas, apliques y arañas *art déco*.

Curiosear en el artístico centro comercial Passage Ghandouri — GALERÍA DE ARTE

En este pequeño centro comercial, **Passage Ghandouri** (PLANO: 2 P. 120 **G5**), junto a Rue Yougoslavie, se concentran múltiples galerías. **Yahya** *(yahya-group.com)* exhibe lámparas, muebles, elementos arquitectónicos y arte magníficamente realizado en palacios, casas y oficinas de todo el mundo. Aziz Lkhattaf expone sus coloridas obras contemporáneas en **Art Space** *(@azizlkhattaf)*. **Matisse Art Gallery** (PLANO: 3 P. 120 **H5**; *@matisse_gallery*), una de las galerías más antiguas de Marrakech, presenta pintura marroquí contemporánea, técnicas mixtas y escultura. El excelente diseñador de moda **Fadila El Gadi** *(fadilaelgadi.com)* es el máximo exponente de la ropa marroquí. Al final del pasaje, está el privado **MACMA** (*Musée d'Art et de Culture de Marrakech;* PLANO: 4 P. 120 **H5**; *musmacma.com; adultos/niños 150 MAD/gratis)*, que alberga una exposición de fotografía permanente, una gran colección orientalista (del antiguo Museo Orientalista de la medina) y exposiciones temporales.

El Passage desemboca en Rue Mohamed El Beqal y los excelentes restaurantes **Farmers** (p. 137) y **+61** (p. 137). En el Passage, se pasa por **Blue Ribbon** (p. 138) y **Booklore** *(booklore.ma)*.

Crear arte — CURSOS DE ARTE

La medina no tiene la exclusiva de los cursos creativos. En **ArtEscape Marrakech** (PLANO: 5 P. 120 **H1**; *artescapemarrakech.com; 2-4 h incl. transporte 300-700 MAD)*, Seleena Abdul organizan fantásticos cursos de arte. Se puede dedicar una mañana o una tarde a crear *zouak* (pintura tradicional), artículos de piel, *zellige*, cerámica, metalistería, caligrafía, tejidos o incluso unas babuchas de piel. Cada taller está dirigido por un habilidoso artesano. Se ofrece transporte.

Palmetto Architecture & Coffee (PLANO: 6 P. 120 **B3**; *@palmettocoffeemarrakech; 3 h desde 200 MAD)* ofrece cursos interesantes. Hay talleres semanales de 3 h los miércoles y sábados para 10 personas de pintura sobre lienzo, cerámica, pintado de bolsas de tela, bordado, pastelería e incluso yoga facial. Junto a un estudio de arquitectura, sirve una selección de buenos cafés, boles de *smoothie* y deliciosas galletas caseras.

.o mejor para...

Económico €€ Precio medio €€€ Precio alto

Localizaciones en el plano de la p. 120

:omer

ita cocina

ırmers €€€
G6
ı carta se basa en oductos de una granja cal de permacultura. chef, Driss Aloui, epara magníficos atos de temporada :ompañados con vinos :ológicos y naturales. *rmersmarrakech.com; .00-15.00 y 19.00-23.00 a-sa*

ahbi Sahbi €€€
B4
xcelentes platos ıarroquíes y servicio ıpecable de un equipo ıtalmente femenino en ı maravilloso entorno señado por Studio KO. *ahbisahbi.com; 19.00-00 ma-do*

61 €€€
G5
latos frescos e innoadores ideales para ompartir y buenos vinos ı un espacio apacible, po invernadero con personal jovial. *plus61.com; 12.00-16.00 y 19.00-22.00 lu-sa*

En un jardín

Amal Center €€
10 C2
Asociación sin ánimo de lucro que empodera a mujeres desfavorecidas, y produce deliciosa comida tradicional en un adorable jardín lleno de vegetación. *amalnonprofit.org; 12.00-15.30 lu-sa*

Pétanque Social Club €€
11 C4
Antiguo club de petanca de la década de 1920 con un gran jardín arbolado, perfecto para tomar una copa. La casa es una sucesión de salas, todas decoradas con arte. Ofrece una carta local de inspiración mediterránea. No hay letrero fuera: está frente a la Résidence Ghalia. *pscmarrakech.com; 8.00-1.00 do-ju, hasta 2.00 vi y sa*

Café Le Studio €€€
12 G1
Inspirado en el estudio de diseño de YSL en París, está dentro del museo. Tras examinar los magníficos ropajes, se puede descansar en una silla amarilla del patio con su estanque reflectante y examinar el menú de temporada. *museeyslmarrakech.com; 10.00-18.00 ju-ma*

Para todos los gustos

Cantine Mouton Noir €€
13 B3
El chef Aniss Meski sirve *brunch* los fines de semana y grandes cortes de ternera, hamburguesas y *focaccias* en una sala de baldosas blancas. No aceptan reservas. *@mouton.noir.marrakech; 12.00-18.00 do-mi, hasta 23.00 ju-sa*

Mizaan €€€
14 F6
Hermana de L'Mida en la medina, su gran terraza es un lugar ideal para un aperitivo y ofrece una carta de platos para compartir que combinan sabores marroquíes y mediterráneos. *mizaan-marrakech.com; 12.00-24.00 do-mi, hasta 1.00 ju-sa*

Snack Al Bahriya €

15 C5

En una destacada esquina de Gueliz, está siempre lleno. Hay que elegir el pescado y el marisco de un gran expositor y mientras lo preparan, se pica un poco de pan, aceitunas, lentejas y berenjena marinada de cortesía. *12.00-2.00*

Beber

Coctelerías

Le Kilim

16 D4

Uno de los múltiples restaurantes de Kamal Laftimi en la ciudad, prepara fantásticos cócteles y una pequeña carta de platos sencillos como sándwich de falafel, alitas de pollo y hamburguesas. El interior es muy rojo y retumba un poco, pero el jardín es agradable. *lekilim.com; 9.00-24.00*

68 Bar à Vin

17 D3

Pequeño bar de vinos, moderno y muy animado, que atrae a una mezcla de marroquíes y residentes extranjeros. Sirve vinos europeos y marroquíes, además de cerveza. *@68baravinmarrakech; 18.00-2.00 lu-sa*

Barometre Marrakech

18 B3

Coctelería experimental que no desentonaría en París o Nueva York. Las especialidades de la casa son el *Marrakesh market* con *whisky*, canela, naranja y azafrán, y el *moorish coffee* con miel, canela y nuez moscada. *lebarometre.net; 18.30-1.00 lu-sa*

Grand Café de la Poste

19 D5

Restaurado para recuperar su esplendor de la era *flapper*, este icónico bistró rezuma hedonismo colonial. Sirven aperitivos con tentempiés gratis en un ambiente del viejo mundo con madera oscura, ventiladores y palmeras en macetas. *grandcafedelaposte.restaurant; 8.00-1.00*

Cafés

Thirty5ive

20 F4

Especialistas en cafés arábica tostados en Ámsterdam, y cafés de filtro. También preparan *frappocinos*, tés de hoja suelta y limonada casera. Una galería de arte y música muy bien seleccionada completan la escena. *thirty5ive.com 10.00-19.00 mi-lu*

Palmetto Architectur & Coffee

Véase 6 B3

Combinación innovadora, este luminoso café contemporáneo no solo sirve excelente café y deliciosos productos caseros (como galletas de chocolate belga), sino que además ofrece cursos como bordado y pintura sobre lienzo. *@palmettocoffeemarrakech; 9.00-19.30*

Blue Ribbon

21 G5

Parte del grupo Farmers, es ideal para un *brunch*, o un café y un sándwich. Está junto a Farmers y su librería, Booklore. *blueribbonmarrakech.com; 9.00-18.00 lu-vi, 10.00-16.00 do*

Cafés para observar a la gente

Café 16

22 E5

La decoración de madera clara y un patio sombreado en una ampli plaza de Gueliz le dan un aire continental. Tienen buenos helados, especialmente el sabor *corne de gazelle*, inspirado en un pastel tradicional marroquí. *@16_cafe; 7.00-12.45*

y Kawa

3 G1

egre café frente Jardin Majorelle. terraza atrae a una ultitud que quiere ver ser vista mientras toma *noothies* y helados. ambién tienen una nplia carta de almuerzo. *mykawa_majorelle; 00-20.00*

afé Atlas

4 H4

entarse en el exterior *t déco* de este café es ntástico para ver la vida asar en compañía de os vecinos. Sirve un café orrecto y desayunos, dentro, se puede tomar erveza. *8.00-24.00*

Comprar

Moda

3 Rue Majorelle

25 G1

ienda conceptual con nás de 60 diseñadores narroquíes de ropa, oyería, bolsos y menaje lel hogar. *33ruemajorelle. om; 9.00-19.00*

Norya Ayron

26 C3

Todo el mundo, desde Sharon Stone a Kate Moss, ha llevado al menos uno de estos caftanes de bonitos estampados. *norya-ayron. shop; 10.30-19.00 lu-sa*

Atelier 44

27 D4

Diminuta tienda que vende ropa y accesorios de diseñadores locales. *@atelier44marrakech; 10.00-20.00 lu-sa*

Lalla

28 B4

Bolsas de todo tipo, desde bolsas de tela y carteras de mano a monederos y bolsas de viaje, y otros accesorios. *shoplalla.com; 10.00-19.00 lu-sa*

Galerie des Tanneurs

29 G2

Excelente selección de bolsos, calzado y ropa para hombre y mujer hechos de suave piel marroquí de alta calidad. *galeriedestanneurs.com; 10.00-19.00 lu-sa*

Menaje del hogar en Sidi Ghanem

LRNCE

30 E1

La diseñadora belga Laurence Leenaert elabora alfombras y mantas singulares con motivos cosidos a mano, ropa de origen local y colecciones de cerámica que incluyen jarrones inspirados en Picasso y Miró. *lrnce.com; 14.00-18.30 lu-vi, 10.00-13.00 sa*

Beldi Design

31 E4

Faroles y lámparas de latón perforado marroquí, muebles, cerámica y artículos decorativos abundan en esta tienda de Sidi Ghanem. *sidi-ghanem.com/beldi-design; 9.00-18.00 lu-sa*

Chabi Chic

32 G6

Presenta la gama completa de sus vajillas y regalos sumamente populares. Hay sucursales más pequeñas en Rue Yves Saint Laurent y Beldi Country Club. *chabi-chic. com; 9.30-18.30 lu-sa*

Maison Sarayan

33 E1

Selección de hermosos tejidos, muebles, y artículos de decoración en esta enorme tienda de Sidi Ghanem. Tiene un café. *sidi-ghanem.com/ maison-sarayan; 9.30-18.30 lu-sa*

★ MERECE LA PENA

Agafay

El paisaje lunar de este desierto de piedra con los espectaculares picos del Alto Atlas al fondo es una plácida escapada de la medina de Marrakech. De día, se puede hacer un circuito en *quad* o camello; de noche, una cena bajo las estrellas o dormir en lujosas tiendas.

CÓMO LLEGAR
Todos los alojamientos y opciones de excursiones de Agafay organizan el transporte desde Marrakech, como **Dunes & Desert Quad Marrakesh** *(dunesdesert.com)*, **Insiders Experience** *(insidersexperience.com)*, **Mountain Bike Morocco** *(mtbmorocco.com)* o **Marrakech Green Wheels** *(marrakechgreenwheels.com)*.

Acción o relax

La lejanía y aridez del paisaje lunar de Agafay es perfecta para recorrer las dunas en *quad, bugui* o camello. Pero, aunque el *quad* es popular en los paisajes desérticos de Marruecos, existe un debate abierto sobre la contaminación acústica y el daño ecológico que provoca.

Por toda la zona se han creado campamentos que ofrecen una sensación de aventura y alojamiento en lujosas tiendas tipo safari, *yurtas* o cúpulas geodésicas. Constituye una excelente pausa a la frenética intensidad de Marrakech que brinda una mirada a la vida en el desierto sin tener que ir hasta el Sáhara (un trayecto mínimo de 450 km, que suele llevar dos días).

De día se puede disfrutar de la aventura y el paisaje, de un buen almuerzo, relajarse junto a la piscina o con una clase de yoga. Algunos campamentos ofrecen ambiente fiestero por la noche, con cena, observación de estrellas y música. Para hacer un poco de todo, mejor quedarse un par de noches.

Elegir el campamento

Los campamentos ofrecen *glamping* de lujo: tiendas exquisitamente amuebladas con baño privado y mirador. En invierno, el personal

STEVEN KENWORTHY/SHUTTERSTOCK

nciende la estufa de leña durante la cena. En los alurosos días de verano, lo mejor es refrescarse n la piscina. Las cenas son románticas, con velas música en vivo.

La elección dependerá de lo que se busque: demás de circuitos en *quad*, *bugui* y camello, **Vhite Camel** *(thewhitecamel.com)* ofrece veladas le astronomía y yoga; **Scarabeo Camp: The tone Camp** *(scarabeocamp.com;* foto), talleres le cerámica y masajes; **Nkhila Lodge** *(nkhila odge.com)* es ideal para niños, con menú infantil tiendas o cabañas familiares; **Les Roches Noires** *(scarabeocamp.com/les-roches-noires)* es el nás recóndito, con prismáticos para observar las ves y telescopios para ver estrellas; **La Bohème** *boheme-marrakech.com)* ofrece fiestas nocturnas on cena, baile y diversión.

CONSEJO

Conviene evitar el intenso calor estival. Para observar las estrellas, mejor no ir con luna llena. Es recomendable cubrirse el rostro con un pañuelo en el *quad* o *bugui* para protegerse del polvo.

Guía práctica

Madraza Ben Youssef (p. 84).
SAATON/SHUTTERSTOCK

Viajar en familia

Los marroquíes son familiares por naturaleza. Se volcarán en los niños, los colmarán de dulces, les sonreirán afablemente mientras juegan e invitarán a la familia al cuscús del viernes. Imperan los valores de familia tradicional, y los niños se consideran una bendición.

Qué comer

Los paladares aventureros disfrutarán con la **comida callejera** (p. 45), como *maâkouda* (tortita de patata frita), bocadillos de *merguez* (salchicha especiada) a la parrilla y *babbouche* (caracoles) especiados. Los clásicos como la *harira* (sopa), *kefta* (albóndigas) y tayines o cuscús suelen gustar a los más quisquillosos. Los menos atrevidos encontrarán platos populares como *pizza*, pasta y deliciosos helados.

EXPLAYARSE

Marrakech cuenta con zonas verdes donde los niños pueden correr, como los **jardines de la Kutubia** (p. 51), cerca de Yamaa el Fna y el Cyber Park, al noroeste de la Kutubia. Son gratuitos, pero no se puede pisar el césped.

Cómo desplazarse

Los *petits taxis* solo pueden llevar tres pasajeros, y los bebés también cuentan; es preferible optar por un *grand taxi*. Las *calèches* tiradas por caballos son más pintorescas; están en Arset El Bilk, cerca de Yamaa el Fna. Un *tuk-tuk* (p. 29) puede ser útil cuando los peques estén cansados. Los cochecitos son poco prácticos en la medina; mejor llevar mochila o portabebés.

Evitar las multitudes

Los zocos están más tranquilos a primera hora de la mañana, con menos ajetreo, un mejor momento para ver a los artesanos trabajando.

Entradas

Los niños entran gratis o con tarifa reducida en monumentos y museos.

Paseos por la medina

Los niños adorarán visitar palacios, retozar en las fuentes de los jardines y tomar un zumo recién hecho en el café de una azotea. De 18.00 a 20.00 es la mejor hora para ver grupos de baile y músicos en Yamaa el Fna.

JOSE HERNANDEZ CAMERA 51/SHUTTERSTOC

Alojamiento

arrakech tiene una gran oferta de pensiones tradicionales o *riad* en la medina, desde albergues a precios razonables opciones más lujosas.

te gusta...

Estar cerca de la acción

Yamaa el Fna y sur de los zocos centrales
39) A poca distancia a pie de la animación nocna de la plaza, zonas de compras, algunos museos lojamientos de todos los precios.

Vistas al desierto

Agafay (p. 140) Tiendas de lujo, *yurtas* o cabañas agrupadas en torno a una tienda comedor y excursiones en camello, *quad* y *bugui* de día, paisajes espectaculares y diversión nocturna, a 45 min de Marrakech.

PRESCINDIBLE

Nos encanta...

ab Doukkala y Riad Laarus (p. 109).
El ambiente residencial de estos barrios es cautivador, con refinadas tiendas de diseño y exceentes restaurantes. Hay dos museos, y también cursos de artesanía, estudios de yoga, clases de cocina y alquiler de bicicletas.

Comprar en el zoco

Muasine y los zocos centrales (p. 63) Zona muy turística, llena de zocos, tiendas conceptuales, y algunos museos; se está gentrificando y tiene alojamientos de todos los precios.

Palacios e historia

La casba y la 'mellah' (p. 95) Muy concurrido en los principales puntos de interés de día, de noche es mucho más tranquilo, con alojamientos de precio medio.

Arquitectura y museos

Kaat Ben Nahid y Bab Debagh (p. 81) En la medina, junto a la concurrida madraza Ben Youssef, hay mucho que ver, pero pocos sitios donde alojarse; es tranquilo por la noche.

CUÁNTO CUESTA

Dormitorio en albergue desde **16 €**

Riad boutique de precio medio desde **100 €**

Riad de lujo desde **300 €**

Comida, bebida y fiest

Alergias e intolerancias

Las personas con alergias e intolerancias alimentarias no tendrán problema en los restaurantes de precio medio y alto, aunque raramente indican los alérgenos en la carta. Si se puede reservar en línea, podrán indicarse los requisitos. Hay que prestar más atención en los cafés y restaurantes económicos, donde no están habituados a conceptos como "sin gluten" o vegano.

CÓMO SE DICE

Soy alérgico/a... ***'Andee hasaseeya mn...***
- los cacahuetes ***lkawkaw***
- las almendras ***llouz***
- las nueces ***lgrgaa'***
- el marisco ***lfawakih dyal lbhr***
- los lácteos ***lhalib***
- el gluten ***lglutine***
- el huevo ***lbeyd***

CÓMO PREGUNTAR...

¿esto es sin gluten'
Wash makaynsh lglutine?

¿contiene cacahuetes/ almendras/nueces'
Wash kayn lkawkaw, llouz/lgrgaa'?

¿hay opciones vegetarianas/ veganas?
Wash kayn she makl nabatiya?

AGUA

En los bares, el café siempre se acompaña con agua. Si es un vaso, mejor evita pues será del grifo. En las comidas, suelen servir agua mineral, con o sin gas.

Alcohol

Pocos restaurantes lo sirven. Los que lo hacen tienen una carta de bebidas con licores, cócteles y vinos. Cuánto más refinados, más vinos franceses. Como la mayoría de los marroquíes no bebe alcohol, suele haber una gran selección de cócteles sin alcohol.

Cómo pagar la cuenta

En general, en restaurantes y cafés se pide al camarero y se paga sin más. En algunos sitios (como el Cafe Clock), se paga en la entrada.

Tarjeta de crédito La aceptan en los más sofisticado

Cuentas separadas Se puede pedir en caso necesario.

Propinas Si solo se toma una bebida en un café, bastarán unos pocos dirhams. En algunos restaurantes está incluida, se indica en la cuenta. Si no está incluida, un 10% es más que suficiente. Si se paga con tarjeta, se deja propina en efectivo; no se puede añadir al pago con tarjeta.

PRECIOS

Los siguientes baremos son para un plato principal:
€ menos de 70 MAD
€€ 70-150 MAD
€€€ más de 150 MAD

HORARIOS

Cafés 8.00-22.00
Restaurantes de la Ville Nouvelle 12.00-15.00 y 19.00-22.00. Suelen cerrar do noche y lu.
Restaurantes de la medina 11.00-23.00
Puestos de zumos en Yamaa el Fna 9.00-23.00

CUÁNTO CUESTA

Café 'nus nus' 10-15 MAD

Zumo de fruta en Yamaa el Fna 8-12 MAD

Bol de 'bissara' o 'harira' 12 MAD

Tayín económico para una persona 40 MAD

Hamburguesa en un bistró 100-140 MAD

Cerveza en un bar 40 MAD

Cóctel en un hotel 150 MAD

Salir

Clubes El principal club nocturno de Marruecos, **Theatro,** junto con **Babouchka** y **Comptoir** (p. 136), están en Hivernage, en la Ville Nouvelle. Tienen DJ residentes y organizan veladas especiales, en las que hay que reservar mesa. Suelen llenarse a partir de las 23.30 hasta altas horas de la madrugada.

Bares de la Ville Nouvelle Los bares de Marruecos suelen ser insalubres, pero algunos de la Ville Nouvelle valen la pena: **68 Bar à Vin** (p. 138) y **Barometre Marrakech** (p. 138) son los mejores. Tomar el aperitivo en el **Grand Café de la Poste** (p. 138) y en el jardín del **Pétanque Social Club** (p. 137) es muy agradable.

Bares de la medina Destacan el fantástico **Kabana** (p. 60), la azotea de **El Fenn** (p. 77) o **Les Jardins du Lotus** (p. 116). También se puede tomar una copa en los bares de los grandes hoteles, como **Les Jardins de la Koutoubia** (p. 60), **La Mamounia** (p. 56) y **Les Jardins de la Medina** (p. 106).

ERMAK OKSANA/SHUTTERSTOCK

Comunidad LGTBIQ+

Marruecos sigue penalizando las relaciones del mismo sexo, a pesar de los esfuerzos en su defensa. La opinión pública sigue siendo conservadora, se recomienda discreción.

Situación actual

Las leyes marroquíes y las normas sociales plantean retos a la comunidad LGTBIQ+, pero su rica cultura y hospitalidad todavía resultan atractivas. Las actitudes cambian: los hoteles de propiedad extranjera suelen ser más receptivos, pero los establecimientos locales son más conservadores. Los espacios LGTBIQ+ públicos escasean, y no hay desfiles del Orgullo oficiales, aunque existen algunas comunidades discretas. No es recomendable mostrar afecto en público, independientemente de la orientación. El país ocupa puestos muy bajos en los índices mundiales de mejores destinos LGTBIQ+, un reflejo de los desafíos legales y sociales existentes.

A pesar de su mentalidad conservadora, Marruecos puede ser un destino inolvidable para viajeros LGTBIQ+. Cada vez se observa un espíritu más tolerante, pero hay que tener en cuenta las diferencias culturales.

IMPRESCINDIBLE

Equality Morocco *(equalitymorocco.org)* lucha por los derechos LGTBIQ+ en un país donde la visibilidad sigue siendo un riesgo. **Nassawiyat** *(nassawiyat.org)* rechaza la discriminación y la violencia de género, creando espacios vitales para voces marginadas en la escena cambiante del país. Sorprendentemente, sufren mucha presión pero se niegan a ser silenciados.

VIAJES PRIVADOS

Best Morocco Travel *(bestmoroccotravel.com/gay-morocco-tours)* ofrece viajes confortables, con consejos sobre la etiqueta cultural y una cálida bienvenida.

Para una experiencia personalizada, se puede contratar una agencia especializada como **Out Adventures** *(outadventures.com)*.

Recursos

• **Kif Kif** *(linkr.bio/kifkif)* opera desde España y defiende los derechos LGTBIQ+ desde el 2002. • **Inclusive Morocco** *(inclusivemorocco.com)* es la primera agencia de viajes activamente comprometida con la comunidad LGTBIQ+ local, que favorece la inclusividad y diversidad.

Salud y seguridad

general, Marruecos es un país seguro, pero esto no significa
e se pueda bajar la guardia.

AGUA DEL GRIFO

Según los criterios de la Organización Mundial de la Salud y el Ministerio de Salud marroquí, el agua del grifo es apta para beber en Marrakech y otras grandes ciudades. Sin embargo, quien no esté acostumbrado, haría mejor en limitarse al agua embotellada.

Seguro

Es esencial contratar un seguro de viajes con cobertura médica y de accidentes. La asistencia urgente se paga por adelantado, sea un malestar estomacal o algo más grave, hay que asegurarse de tenerla cubierta. La cobertura por retrasos, cancelaciones, pérdida de equipaje también es recomendable. Las tarjetas sanitarias de la Unión Europa y Estados Unidos no son válidas.

Carteristas

Se aconseja llevar el bolso cruzado para evitar los tirones desde motos en la medina.

Consejos para mujeres que viajan solas

tir con discreción. Ir en taxi por la noche. Comer ugares llenos de lugareños o frecuentados por dentes extranjeros. Elegir un alojamiento donde ler relajarse y refugiarse. Buscar guías feme- as. Si alguien se muestra insistente de forma agradable, no encararse. Mantener la calma, rtarse y buscar ayuda; no suele estar lejos.

FARMACIAS

ñalizadas con una medialuna verde en el exterior, 'enden medicamentos sin prescripción. Son una excelente primera opción para cuestiones leves.

A TENER EN CUENTA

Hachís
En Marruecos el consumo recreativo de cannabis es ilegal.

Calor
En verano, hay que evitar las sofocantes temperaturas del mediodía e hidratarse.

Atención sanitaria
Clinique Le Marrakech *(cliniquelemarrakech.ma)* ofrece asistencia urgente a extranjeros.

Turismo responsable

Los siguientes consejos ayudan a reducir la huella ecológica, apoyar y dejar un impacto positivo en las comunidades locale

Sobreturismo

La congestión de turistas en los principales puntos de interés no se gestiona bien y perjudica el legado histórico. Es mejor alejarse de la ruta turística y visitar algunos de los excelentes museos y lugares de interés más pequeños.

Es preferible visitar el Jardin Majorelle (foto) a primera hora de la mañana para evitar las masas: abre a las 8.30. Las entradas en línea son para el jardín y el contiguo museo Yves Saint Laurent.

El poder de pedalear

Se puede alquilar una bici en **Pikala Bikes** (p. 114), que forma a jóvenes como guías profesionales de circuitos y mecánicos. U optar por **Marrakech Green Wheels** *(marrakechgreenwheels.com)*, que enseña a los niños a montar en bicicleta.

Apoyo local

El viajero puede alojarse en pequeños *riads* de la medina que emplean a gente local y comprar bienes y servicios de la ciudad, o en cooperativas de mujeres y usar el servicio de **'tuk-tuk'** (p. 29) que emplea a mujeres vulnerables, con discapacidades o de zonas rurales. Se puede comer en **Amal Center** (p. 137) en Gueliz, una organización no lucrativa que ayuda a mujeres vulnerables dándoles formación en hostelería.

IMPRESCINDIBLE

Bienestar de los animales

Es mejor no apoyar prácticas como la de los encantadores de serpientes y la explotación de monc en Yamaa el Fna. Si se acercan los adiestradores, no hay que hacerles caso.

DESDE LA IZDA.: SUWATPATT/SHUTTERSTOCK, ANDRZEJ LISOWSKI TRAVEL/SHUTTERSTOCK

Recursos

- **fm6e.org/en** Fundación Mohammed VI para la protección del medio ambiente.
- **highatlasfoundation.org** Promueve iniciativas diseñadas por la comunidad para la agricultura sostenible y el empoderamiento.

AYUDAS POR EL TERREMOTO

a población todavía sufre secuelas del terremoto del 2023. Se pueden hacer naciones a **Education For All** *(efamorocco.org)*, que facilita educación a niñas e zonas rurales, y a **Eve Branson Foundation** *(evebransonfoundation.org.uk)*, que reconstruye escuelas damnificadas.

Apoyo a la comunidad

mejores opciones oonsables son **Moroc- Food Adventures** *roccanfoodadventures. n)*, que apoya a familias dustrias locales, como larrakech Artisan Day; **Nour** *(alnour-textiles. n)*, una cooperativa tionada por mujeres discapacidades cas que ofrece tejidos tículos del hogar; o la perativa de mujeres argán ecológico tificado **Assouss ane** (p. 78).

Disfrutar de un concierto en **Cafe Clock** *(cafeclock.com)* para apoyar a músicos locales y proyectos comunitarios; comer en **World Storytelling Café** *(worldstorytelling cafe.com)* para ayudar a salvar el precario arte de la narración oral; y comprar un recuerdo en el **Centre de la Femme Artisane** (p. 79) para apoyar a estas mujeres artesanas.

MULAS Y BURROS

El **Jarjeer Mule & Donkey Refuge** *(jarjeer.org)* no lucrativo, al sur de la ciudad, tiene burritos especialmente adorables.

Escanea este código QR para saber cómo visitarlo.

El cambio climático y los viajes

Es imposible ignorar el impacto de nuestros viajes y la importancia de hacer nbios. Lonely Planet anima a todos los viajeros a involucrarse en su huella de bono. Muchas webs de líneas aéreas y sitios de reservas ofrecen la opción compensar el impacto de los gases de efecto invernadero realizando naciones para iniciativas respetuosas con el clima en todo el mundo.

calculadora de compensación del carbono de la ONU estra el impacto de los vuelos en las emisiones domésticas.

calculadora de emisiones de carbono de la OACI permite lizar el CO_2 generado por trayectos de un punto a otro punto.

Accesibilidad

Marruecos accesible

Todavía es una asignatura pendiente. La medina medieval y los *riads* llenos de escaleras suponen un reto para personas con problemas de movilidad, pero los hoteles modernos suelen estar adaptados. Las infraestructuras para personas con discapacidad visual o auditiva también son limitadas, y las mujeres que viajan solas suelen atraer atención indeseada.

Transporte urbano

Los autobuses y taxis no son accesibles en silla de ruedas, los *grand taxi* ofrecen más espacio. **Tuk Tuk Marrakech** (p. 29) es una buena opción para desplazarse por la medina. Los conductores llevan un escabel para subir y bajar del vehículo.

IMPRESCINDIBLE

El **Jardin Majorelle** (p. 122) y el adyacente **Musée Yves Saint Laurent Marrakech** (p. 127) no tienen escaleras y disponen de baños aptos para sillas de ruedas. En el jardín, los senderos son de hormigón y el café y la tienda son bastante practicables. El **Musée Pierre Bergé des Arts Berbères** (p. 124) tiene rampas y barandillas en todas partes. La iluminación del espacio de exposición principal del museo YSL es bastante tenue para proteger los tejidos, y puede dificultar al visitante con discapacidad visual. El auditorio tiene espacio accesible en silla de ruedas.

ALOJAMIENTO

Muchos hoteles de Ville Nouvelle tienen habitaciones adaptadas, ascensor y restaurante en la planta baja. Es posible alojarse en un *riad* de la medina si hay acceso sin escaleras y habitaciones alrededor del patio.

Marrakech mágico

La ciudad es mayormente llana, es fácil recorrer la medina y acceder a los principales puntos de interés, como las tumbas saadíes, el palacio Bahia y la madraza Ben Youssef.

CAFÉS CON VISTAS

Argana Café (p. 59) y **L'Adresse** (p. 59) en Yamaa el Fna tienen ascensor a la azotea, ideal para ver la acción nocturna de la plaza sin subir escaleras.

Recursos

- **Morocco Accessible Travel** *(moroccoaccessibletravel.com)* ofrece circuitos y alquila sillas de ruedas y ayudas de movilidad.
- **Handi Oasis** *(handioasis.com)* es una pensión al sur de Marrakech con instalaciones totalmente adaptadas.

Lo esencial

Horarios

A efectos comer-
ıles, Marrakech sigue
ıemana laboral de
es a viernes. En la
dina, muchas tiendas
rran el viernes (día
oración), o alargan
ɔausa para almor-
. El horario varía
rante el ramadán.

ncos 8.30-18.30 lu-vi

res 18.00 hasta tarde

icinas bernamentales 0-18.30 lu-vi

icinas de correos 0-16.30 lu-vi

staurantes 12.00-15.00 ?.00-22.00

ndas 10.00-19.00 lu-vi

Abierto Ouvert

Cerrado Fermé

Tabaco

En Marruecos es habitual fumar y vapear.
rca del 25% de los hombres fuman, y los jóvenes
elen echar unas caladas en los locales de moda
Marrakech y Casablanca. Todavía se puede fumar
muchos bares y restaurantes, pero está prohibido
taxis y transporte público.

ELECTRICIDAD

220V/50Hz

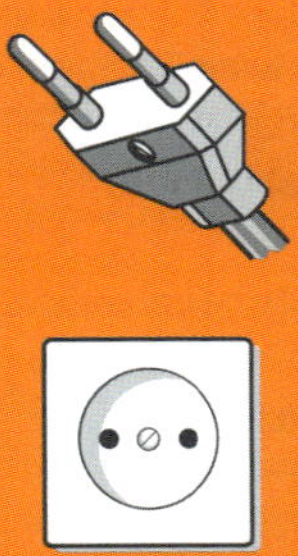

Tipo C
220V/50Hz

Tipo E
220V/50Hz

Fiestas oficiales

Los bancos, oficinas de correos y casi todas las tiendas cierran los festivos, pero el transporte sigue funcionando. Las fiestas religiosas varían cada año según el calendario de la Hégira.

Año Nuevo 1 de enero

Manifiesto de la Independencia 11 de enero

Día del Trabajador 1 de mayo

Fiesta del Trono 30 de julio

Fiesta de la Lealtad 14 de agosto

Fiesta de la Revolución 20 de agosto

Fiesta de la Juventud 21 de agosto

Aniversario de la Marcha Verde 6 de noviembre

Día de la Independencia 18 de noviembre

A TENER EN CUENTA

Hora local GMT/UTC + 1 h (ramadán: UTC)

Código de la ciudad 0524

Teléfonos de emergencia Policía 190; médico 150

Población (2025) 1,6 millones de hab.

Idioma

Vocabulario básico en árabe marroquí

Hola.
As salaamu alaykum. (educado)
Salaam. (paz)
Wa alaykum ssalaam. (respuesta)

Adiós.
Bsslaama/ma'a ssalaam.

Sí/No
Eeyeh/La

Por favor.
'Afak.

Gracias.
Shukran.

De nada.
La shukran 'ala waajb.

Perdone.
Smahleeya/ Smaheleeya/ Smahuleeya.
(en m/f/pl)

Frases útiles

¿Cómo se llama?
Shno smeetek?

Me llamo ...
Smeetee ...

¿Habla inglés?
Washkt'hdar bilengleezeeya?

No le he entendido.
Mafhemtsh.

¿Dónde está ...?	**Feen kayn ...?**
el aeropuerto	**lmataar**
la estación de autobuses	**lmhetta dyal tobeesa**
la parada de autobús	**lblasa dyal tobeesat**
la estación de trenes	**lagaar**

¿Cuál es la dirección?
Shno l'unwan?

Escriba la dirección.
Kteb l'unwan 'afak.

Muéstremela en el mapa.
'Afak, werrini fi lkhrita.

¿Qué me recomienda?
Shno ktqtaarh?

¡Salud!
Bsaha!

Respuesta
Alla y'atik saha

¡Está delicioso!
Had she beneen bizaf!

Números

1	2	3	4	5
wahed	jooj	tlata	reb'a	khamsa

DATOS PRÁCTICOS

El idioma principal de Marruecos es el árabe, ›lado en todo el país. La versión estándar del ıazight ha sido codificada por el Real Instituto la Cultura Amazig. Los principales dialectos se ›lan en el Sus, el Rif y las montañas del Atlas n el norte del país. En las ciudades, todavía usa el francés regularmente.

y tres dialectos principales de tamazight, que cierto modo también sirven para trazar de forma 'oximada la demarcación étnica.

Hora

¿Qué hora es? Shal fessa'a?
mañana sbah
tarde 'asheeya
noche lil/lila
ayer lbareh
hoy lyoom
mañana ghedda

Urgencias

¡Socorro! 'Atqnee!
¡Váyase! Seer/Seeroo! (s/pl)
Estoy enfermo/a. Ana mreed/mreeda (m/f)
¡Llame a un médico! 'Ayyet 'ala she tbeeb!
¡Llame a la policía! Ayyet 'ala lbulees!

DARIYA

árabe marroquí (dariya marroquí) es una variedad del ıbe estándar clásico y moderno (MSA) que ha sufrido ıuchos cambios lingüísticos debido a los préstamos híbridos de varios idiomas, especialmente el francés. Es el idioma que se oye habitualmente. Aquí, se dican frases en dariya marroquí con el alfabeto latino mediante un sistema de pronunciación simple.

GLOSARIO TAMAZIGHT

Hola. La bes darik/darim (m/f).
Hola (respuesta). La bes.
Adiós. Akayaoon arbee.
Hasta luego. Akranwes daghr.
Por favor. Barakalaufik.
Gracias. Barakalaufik.
Sí. Yah.
No. Oho.
Disculpe. Samhiy.
¿Cómo está? Meneek antgeet?
Bien, gracias. La bes, lhamdulah.
Bueno. Eefulkee/eeshwa.
Malo. (Khaib) eeghshne.
Comida. Teeremt.
Un lugar para dormir. Kra lblast mahengane.
Agua. Arman.

6	7	8	9	10
setta	seb'a	tmenya	tes'ood	'ashra

Índice

Puntos de interés p. 000
Págs. de los planos **p. 000**

Véanse también los subíndices:
Comer p. 158
Beber p. 159
Comprar p. 159

Comer

Beber

Comprar

La opinión del lector

Nos encanta escuchar a los viajeros, ya que con sus comentarios nos ayudan a mejorar nuestros libros. Podéis escribirnos a lonelyplanet.com/contact; leemos todos los mensajes y garantizamos que estos lleguen a los autores.

Nota: Es posible que algunos fragmentos de estos mensajes aparezcan en nuevas ediciones de las guías Lonely Planet, en la web o en productos digitales. Si preferís que vuestro contenido o nombre no sean publicados, por favor, indicadlo claramente. Para obtener una copia de nuestra política de privacidad, podéis visitar lonelyplanet.com/legal.

Agradecimientos

Fotografía de cubierta: mezquit[illegible] de Mulay el Yazid (p. 101). Kadagan/Shutterstock

Fotografía de contracubierta: camellos, Agafay (p. 140). ako photography/Shutterstock

geoPlaneta
Av. Diagonal 662-664, 08034 Barcelona
www.geoplaneta.com – www.lonelyplanet.es

Lonely Planet Global Limited
Lonely Planet Global Limited, Digital Depot,
The Digital Hub, Dublín D08 TCV4, Irlanda
www.lonelyplanet.com
Contacta con Lonely Planet en: lonelyplanet.com/contact

Marrakech de cerca
6ª edición en español – marzo del 2026
Traducción de *Pocket Marrakesh*, 7ª edición – noviembre del 2025
© Lonely Planet Global Limited
1ª edición en español – marzo del 2008

Editorial Planeta, S.A.
Av. Diagonal 662-664, 7º. 08034 Barcelona (España)
Con la autorización para la edición en español de Lonely Planet Global Limited, Digital Depot,
The Digital Hub, Dublín, D08 TCV4, Irlanda

ISBN: 978-84-08-31184-3
Depósito legal: B. 16.507-2025
Impresión y encuadernación: Unigraf
Printed in Spain – Impreso en España